SV

Peter Handke
Zurüstungen für die Unsterblichkeit

Ein Königsdrama

Suhrkamp Verlag

Erste Auflage 1997
© Suhrkamp Verlag Frankfurt am Main 1997
Alle Rechte vorbehalten, insbesondere das der Aufführung durch
Berufs- und Laienbühnen, des öffentlichen Vortrags, der Verfil-
mung und Übertragung durch Rundfunk und Fernsehen, auch
einzelner Abschnitte. Das Recht der Aufführung oder Sendung ist
nur vom Suhrkamp Verlag, Frankfurt am Main, zu erwerben. Den
Bühnen und Vereinen gegenüber als Manuskript gedruckt.
Satz: Hümmer GmbH, Waldbüttelbrunn
Druck: Wagner GmbH, Nördlingen
Printed in Germany

Gab es seit dem Laufen und Rennen hin über die Steppe
Auf der Erde viel Ausruhen? …
Ist die Finsternis fern – wieviel Helligkeit ist da?
Wann wird ein Toter den Sonnenglanz sehen?

Der König Gilgamesch

Das Gesetz, das ich dir gebe, geht nicht über deine Mit-
tel. Es ist nicht in den Himmeln. Es ist nicht jenseits der
Meere. Das Gesetzeswort ist ganz nah bei dir. Es ist in
deinem Mund und in deinem Herzen, damit du es um-
setzst in die Tat.   *Deuteronomium*

Personen

DER GROSSVATER ODER AHNHERR
DESSEN ZWEI TÖCHTER
DAS VOLK (1)
DER IDIOT
PABLO VEGA
FELIPE VEGA
DIE RAUMVERDRÄNGERROTTE (1 Häuptling, 3 andere)
DIE JUNGE SCHÖNE WANDERERZÄHLERIN
DIE LETZTEN KÖNIGE (3)
DIE FLÜCHTLINGIN
MEHRERE UNBEKANNTE

Zeit: Vom letzten Kriege bis jetzt und darüber hinaus
Ort: Eine Enklave zum Beispiel im Bergland von Andalusien

Die Szenenangaben sind nicht unbedingt Szenenanweisungen.

1

Der Schauplatz ist eine Art von Enklave, an die sich, links, rechts und in der Bühnentiefe, von senkrechten und waagerechten Sichtblenden und Schranken zum guten Teil verstellt, noch andere, dem Anschein nach größere Schauplätze anschließen. Die Enklave, unter dem freien Himmel, ist leer – bis auf ein wie gestrandetes, kieloben liegendes Boot, ein von einem verschwundenen Anwesen übriggebliebenes, einzeln, wie aus einer Steppe, aufragendes, türloses Portal (an der Oberschwelle eine arabische Inschrift), und einen Haufen aus Trümmern einer wie da an Ort und Stelle zusammengekrachten kleinen Kutsche oder Kalesche, in dem Gemenge aus Sitzbank, geschweiftem Dach und Zügeln deutlich fast nur die Räder. Darauf hockt der GROSSVATER, fast nackt, während ihm zur Seite, beide in der entsprechenden Enklaventracht, mit gewaltigen Bäuchen zwei hochschwangere Frauen stehen. Auf einem der weiteren Schauplätze, im Hintergrund, landet ein uniformierter Fallschirmspringer, gleich hinter den Schranken oder Planken dort halb verschwunden, worauf von allen Seiten UNBEKANNTE mit Knüppeln, Sensen, Gabeln und Beilen auf ihn zulaufen, auch sie, als sie dann ausholen und zuschlagen, fast verdeckt. Auf den paar anderen Schauplätzen lassen sich kurz, für einen Moment auf Podeste gestiegen, die LETZTEN KÖNIGE blicken und winken, halb abgewendet, stillen Völkern zu.

DER GROSSVATER
Rache! Rache? Gerechtigkeit.

Seit Jahrhunderten schon ist unsere Heimat hier eine
Enklave, umschlossen allseits von Fremdgebiet und von
Fremdsprachen. Enklave in der Sprache der andern, in
der Fremdsprache – für mich aber, wie für euch, ein weites Land, mit eigenen Quellen und einem eigenen Recht,
und einem eigenen Ernst, der noch jeden Weithergerei-
sten, nach dem vielen Unernst unterwegs, zuerst vor den
Kopf gestoßen und dann aber erfrischt hat. Wir haben
dazu unser fernes Stammvolk, dort hinterm Meer, im
Großen Atlas oder im Kaukasus, schon lange nicht
mehr gebraucht. Gerade durchs Getrenntsein vom
Mutterland haben wir uns hier die Art bewahrt, und
eine Art überhaupt erst bekommen. Keiner von uns hat
sich in der Enklave je im Exil gefühlt, hat sich zurückge-
sehnt nach den Fleischtöpfen Ägyptens, hat gejammert
nach den Palmen von Nizza oder Gorizia, hat sich weg-
gewünscht an einen Billardtisch ins East Village nach
New York, hat an den Fußballnachmittagen geplärrt
nach dem Spiel zwischen Real Madrid und Barcelona,
oder nach den Stierkampfarenen zwischen Santander
und Ronda. So begrenzt unser Bereich war: Jeder hatte
da doch seinen Weg hinaus ins Freie, zwischen den Feldern, Auen und Krötenlachen hinaus zu seinem speziel-
len Keitum, Nußdorf oder Tivoli. Welch starker Frieden
hat hier geherrscht. Es war eine Sonnenzeit. Und ich
muß dazusagen: Sie war. Und muß dazusagen: Sie war
Episode, zwischen zwei Kriegen, die Besonntheit nach
hinten und vorne durchsetzt von Gespensterlicht. So

haben eure Brüder jedenfalls die Zeit erlebt, kurz der ältere, kürzer der jüngere, viel kürzer, kaum. Pablo. Felipe. Speihimmel. Jedes Stück Manna ein Fettklumpen. Sprich nur ein Wort, und es würgt mich. Der Krieg jetzt, der Weltkrieg: Besetzung der Enklave, und eure Brüder, gerade noch fein heraus in ihren Obstgärten und an ihren Werkbänken, im Armumdrehen Zwangssoldaten, der eine im ersten, der andre im zweiten Okkupationsheer, Unbekannt an der Seite von Unbekannt im Kampf gegen Unbekannt in einem unbekannten Land. Und vorgestern, am Eismeer, zerriß es den einen, und gestern, auf der großen Düne von Delft, erwischte es den andern. Da gibt es nichts zu sagen? Nichts zu verstehen? Ich will auch nichts verstehen, sondern, daß etwas geschieht – gemacht wird – unternommen wird – daß eine Antwort erteilt wird, ganz gegen unsere Enklavenart. Wir sind eine Sippe von Aufständischen. Aber den Aufstand haben wir immer nur gegen uns selber gerichtet. Wir sind mit den Schädeln gegen die Mauern gerannt. Wir haben uns die eigenen Augen ausgerissen. Wir haben uns die eigenen Hände abgebissen. Statt dem Bösewicht die Peitsche zu geben, prügelten wir uns mit dem eigenen Bruder, verboten der eigenen Frau den Mund, sperrten unsre Kinder in den Keller. Bei all dem, was die stockfremden Mächte uns je antaten, haben wir bisher nicht den kleinsten Mucks ausgestoßen. Hört: Was ich jetzt sage, richte ich nicht an euch zwei blöde Töchter, geschwängert die eine angeblich mit Gewalt, die andre angeblich in heißer Liebe, von der Invasionsbodentruppe gleich in der Einmarschnacht, von zwei Helden der Vorhut, inzwischen, was euch angeht, längst Helden der Flucht: Ich wende mich an die Knaben in euren dummen gesegneten Bäuchen. Felipe Vega der Zweite, Pablo Vega der Zweite: Ihr werdet zu dem Enklavenvolk hier gehören.

Dieses ist inzwischen dazugetreten oder -gestolpert, in Gestalt eines IDIOTEN *und eines* STRÄFLINGS, *Beide mit Laubkronen bekrönt, wie sie sie jetzt auch dem Redner und seinen Töchtern überstülpen.*

DER GROSSVATER
Stoßt euch ab, Bauchmolche da drinnen, von euren Mutterkuchen, und hört zu: Ihr sollt die ersten Aufständischen hierzuland sein, welche nicht gegen sich selber losschlagen, sondern gegen die Unrechtstifter. Wie die aber bestimmen, sagt ihr, in einem Krieg? Wahr: Ist einmal Krieg, zeigt sich hinter dem einen Kriegsherrn noch ein anderer, und hinter dem wieder ein anderer, und der Platz des eigentlichen Kriegsherrn erwies sich zuletzt noch immer als leer. Ist einmal Krieg, gibt es statt Kriegsherrn nur noch Kriegsknechte. Der Krieg, einmal im Gang, hat Recht. Und ich, der Meister des Fluchens, finde keinen einzigen Bestimmten mehr zum Verfluchen. So oder so: Hört, Bäuchlinge, Ackerfurchen- und Waldrandschöpfungen, Mischbrut: Ihr sollt den Unzeittod und die Vernichtung der edlen Brüder eurer wahllosen Mütter dereinst rächen – und wenn ihr dabei selber die Bösen werden müßt, die ersten ausgewachsenen Bösewichte hier. *Er dreht an einem Rad der zusam-*

mengekrachten Kutsche – nichts. Er erhebt sich von dem Gerümpel und weist in den Kreis. Hier ist die Sterbende Welt. Aber es kommt die Zeit der Rache oder Gerechtigkeit. Rache wie? *Er zerrt aus den Trümmern einen Umhang, einen tiefroten, und läßt sich den vom Sträfling-Volk und Idioten-Volk um die Schultern legen.* Seht, mein Mantel für die Osternacht, mein Mantel für die Auferstehungsfeier, seit nun bald achtzig Jahren. Immer neu habe ich mich damit gegen Sonnenaufgang, nach Osten, gewendet. *Er dreht sich hierhin und dorthin.* Ach, es gibt keinen Osten mehr. Und im Norden nur ein Holzpferd im Kunstschnee. Und im Westen nicht einmal Kraut und Rüben. Und im Süden nur noch leere Bierflaschen. Sterbende Welt. Nie mehr werde ich mit meinen Söhnen auf dem Grünen und dem Grauen Weg gehen. Aber dafür werden ihre Nachkommen hier zusammen mit Thomas Jefferson, Cristobal Colón, Manuel Valverde und Israel Meyer aus den Bäuchen der törichten Mütter hier und den Resten der Enklave aufbrechen zum Hügel der Unsterblichkeit. Rache oder Gerechtigkeit s o! Komm, Sonnenzeit.

Ein unbekannter Flüchtling hetzt über die Szene, mit pfeifender Lunge, schaut sich im Laufen um. Es folgen ihm gleich zwei bewaffnete Gendarmen, die aus der Bewegung heraus auch schon feuern. Der GROSSVATER *fällt. Verfolgter und Verfolger verschwinden.*

DIE ERSTE TOCHTER
Sonnenzeit?

DIE ZWEITE TOCHTER
Unsterblichkeit?

DIE TÖCHTER
gemeinsam, zu ihren Bäuchen geneigt. Wir werden sehen.

DER GROSSVATER
am Boden, flucht. Lecke Boote! Lecke Portale! Lecke Kutschen! Lecke Welt! Leckt mich, alle!

IDIOT
auf den Ahnherrn am Boden zeigend. Ist er tot?

STRÄFLING oder VOLK
Ja.

IDIOT
Liegt er nach Osten?

VOLK
Weiß nicht.

Dunkel.

2

*Die Enklave hat sich gelichtet. Diese und jene Schranke
und Sichtblende ist weggefallen. Zeichen eines noch fri-
schen Friedens: Farbige Papierdrachen ziehen über die
Bühne; Geigenspiel, von hier, dann Klavier von dort,
dann Harmonika von woanders; Hämmern, Sägen,
Klopfen; einer der* LETZTEN KÖNIGE *tritt für einen Augenblick aus seinem Bereich und legt einem siechen*
UNBEKANNTEN *die Hand auf, während woanders ein
zweiter* LETZTER KÖNIG *seine Krone in die Luft wirft,
sie fängt – zusammen mit einem Federbusch, von ir-
gendwo dazugeflogen –, verschwindet; aus den Fall-
schirmtauen sind Kinderschaukeln geworden, welche
im Leeren schwingen, wie betrieben von Unsichtbaren.
Darüber der immerfreie Himmel. Zugleich scheinen die
vorigen Gegenstände – Boot, Kutschenstücke, Portal –
um einen Strich in den Boden versunken. Auftritt nun
der zwei* SCHWESTERN *von verschiedenen Seiten, im All-
tags- und Arbeitsgewand, mit den Neugeborenen-Bün-
deln im Arm; Zusammentreffen wie an einem Kreuz-
weg.*

DIE ERSTE SCHWESTER
Er hat mich bei der Geburt beinahe umgebracht. Ohne
daß sichtbar das Blut geflossen ist, bin ich an dem Kerl
fast ausgeblutet. Wie ein Egel hat er mich von innenher
ausgesaugt und ist dabei so angeschwollen, daß er bei-

nahe steckenblieb. So weiß ich dann war, so rot war dann er – rotschwarz. Die zweite Vergewaltigung: Zuerst der Zeuger, und neun Monate später der Gezeugte. Als ihn die Hebamme auf den Hintern schlug, weil er so lange stumm blieb, dachte ich: Mehr! Schlag ihn noch mehr! Sein Schrei dann hat alle Umstehenden erschreckt. Es kamen sogar draußen von der Straße welche herbeigelaufen. Es war ein Gebrüll ohne einen Ton des Weinens darin, ein Brüllen der Wut oder des Unwillens, nein, der Empörung. Und zugleich hat er schon versucht, sich wegzudrehen, von den andern, vom Licht, von mir. Wie bestaunt hat ihn dafür aber die Umwelt. Wie besonders fand ihn gleich jeder. Es fielen sogar Wörter, wie sie in der Enklave hier noch nie gefallen sind: »Prinz«, »Star«, »unser Prinz« – und das auch nur deshalb, weil er von Anfang an die Muttermilch verweigerte, mit einem Ausdruck des Ekels, vor dem ein jeder, außer mir, ausrief: Welch Grazie! Welch Hoheit!

DIE ZWEITE SCHWESTER
Zeig. – Wie ist er schön. *Sie legt sich seine Hand auf die Stirn, auf die Augen, usw.* Wie tut er mir gut. Pablo Vega. Von der Aue. Kein Kopfdruck mehr. – Mir ist, als blickte ich an seinem Gesicht in die Zukunft. Es macht mir Angst. Aber diese Angst kitzelt mich. Sie packt mich am Nacken und zieht mich aus der Trübnis. Ich fürchte mich und freue mich. – Bei Felipes Geburt war es eher umgekehrt. Mitten in den Wehen kam mir die Nacht mit seinem Vater in den Sinn, und es befiel mich die genaugleiche Lust, und das Kind wäre um ein Haar er-

drosselt worden. Wer geschlagen werden mußte, das war dann ich. Und der Sauger hier – von der ersten Sekunde an saugt er an mir, und saugt, und saugt – hat nun seinen Schaden davon: Verdrehte Knie, ausgekegelte Schultern, Wasser in der Lunge, allgemeine Schwächlichkeit. Kind der Liebe! war mein erster Gedanke, und zugleich: Nicht lebensfähig. Und zugleich hat die Hebamme gesagt: »Wie freundlich ist er. Wie wirkt er glückselig, wie einverstanden. Wie vergnügt ist er, selbst wenn er sich verschluckt, vor Atemnot blau anläuft, als sei das Teil des Spiels. Was für ein Glanz geht von dem kleinen Krüppel aus. Schon in seinem ersten Schrei war eine Melodie.« Und zugleich dachte ich weiter: Wie soll denn dieser Nichtsling unsre toten Brüder rächen? Wie überhaupt erst einen Platz hier finden?

Die erste Schwester
Zeig. – Er lacht. Und wie er lacht. Der erste aus unserm Stamm, der so lachen kann. Wir sind doch seit je bekannt als die mit den zugenähten Mündern. Die, wenn sie dann einmal lachten, ihr Gesicht verloren. Das Lachen von Verlierern. Mag sein, dein Sohn wird von uns allen der größte Verlierer sein, oder er ist schon verloren, von Natur aus. Aber sein Lachen ist anders. »Durch die Zeiten gehen«: Das soll unser Wahlspruch, hier auf dem Portal, sein – aber unsre Leute sind durch die Zeiten immer bloß gestolpert, gehinkt, gekrochen, gehaspelt, haben durch die Zeiten ihre Haken geschlagen, oder sich weg ins Abseits geflüchtet. Der da aber wird als der erste von uns allen mitsamt seinen knickenden

Knien, ausgekugelten Hüften und seinem chronischen Kleinkindschluckauf durch die Zeiten gehen. Schau, allein sein Lachen rächt den Tod unsrer Brüder schon. Und wie ist es ansteckend. *Sie weint.*
Sie weinen.

DIE ERSTE SCHWESTER
Dagegen mein Früchtchen hier: Finster. Wenn sich in seinen Augen etwas spiegelt, so nicht der Himmel. In einem Traum hatte er eine Krone auf, mit deren Zacken er sich dann absichtlich die Stirn aufschnitt. In einem anderen Traum stand ihm der Schaum vor dem Mund, ganz gleich seinem Samengeber, als der mich damals zwischen Tür und Angel überwältigt hat, eine schweinsblasengroße Blase von Schaum vor dem Mund.

DIE ZWEITE SCHWESTER
Und ich bin zugleich in meiner Kammer nebenan gelegen, mit dem anderen Fremden, dem Meinigen, und habe, mitten in der stockfinstern Nacht, gesehen, wie eine jede unserer Bewegungen und Berührungen eingeschrieben worden ist in das Buch des Lebens. – Nur ist die betreffende Seite da wohl längst schon herausgerissen. Oder das Buch des Lebens ist inzwischen allgemein ausgeblichen. Oder so was wie ein Buch des Lebens war von Anfang an bloß ein Hirngespinst, ein Traum ohne ein Herz dabei.
Sie lacht.

Sie lachen, recht unheimlich und kläglich, zuletzt mit den Händen vorm Gesicht.

DIE ERSTE SCHWESTER
Jedenfalls sind unsere Söhne vaterlos. Und werden ohne Väter bleiben. Gut so, scheint mir. Gut für die heutige Zeit, gut für den Frieden jetzt, gut für die Zukunft. Ich hatte noch einen grundandern Traum von meinem Sproß hier, wobei er übers Meer hinüber zu unserem Stammland schwamm und ein Lachen hatte so wie der deinige: Er jauchzte!

DIE ZWEITE SCHWESTER
Ja, mir scheint, es liegt im Augenblick ein Erbarmen über der Erde, uns und den Söhnen zum Nutzen. Schon einmal, damals im Zwischenkrieg, war das so: Ein Palast wölbte sich hier. Unsere Brüder haben das gewußt in ihrer kurzen Zeit wie für alle Zeit. Erinnerst du dich? *Sie lacht.*

Sie lachen ihr Hexenlachen.

DIE ERSTE SCHWESTER
Die Arbeit ruft.

DIE ZWEITE SCHWESTER
Sie hat schon schöner gerufen.

DIE ERSTE SCHWESTER
Ja, das Heimweh in den Briefen der Brüder aus dem
Krieg war vor allem eins nach der Arbeit hier.

Gewaltiges Gebrüll nun aus einem der Bündel, ein Wut-
geschrei: Eine Kinderschaukel hat sich verdreht – wird
von der Mutter entwirrt, worauf der Säugling sich mit
einem Schlag beruhigt. Die SCHWESTERN *rasch, trip-*
pelnd, in verschiedenen Richtungen ab.

Dunkel.

3

*Wieder sind ein paar Jahre und Jahreszeiten über die
Enklavenbühne gegangen. Die Feld- und Flurzeichen
auf der Bühne sind um einen weiteren Strich versunken,
abgetragen, eingeebnet. Zur einen Seite hängen Ge-
wächse wie von einem Waldrand in die Szene, Lianen.
Derselbe freie Himmel. Fernes Glockenläuten, Fähren-
und Zugsignale. Der ehemalige* STRÄFLING, *inzwischen
umgekleidet in einen Mann aus dem Volk, das* VOLK,
und der immergleiche IDIOT *bewegen sich geschäftig
nebeneinander her.*

VOLK
Warum war hier noch nie etwas los? Keine Schlacht,
kein Friedensschluß, kein Fenstersturz. Nicht einmal
eine bodenständige Sage gibt es aus unsrer Gegend. Der
Sagensammler, der damals vor dem Krieg hier durch-
kam, hatte, was man ihm an Besonderheiten aus der
Enklave auftischte, allesamt schon im Umland gehört,
und mit witzigeren Einzelheiten, besser, schwungvoller,
und einem ganz anderen Sinn für Varianten. Und
warum ist kein einziger Held jemals aus uns hervorge-
gangen, keine Berühmtheit, kein Besonderer, nicht einmal ein Verbrecher? Als damals unten im Graben über
Nacht deine Familie, alle sieben bis auf dich hinter der
Tür, ausgerottet wurde, kam der Mörder von jenseits
der Grenze. Bekannt geworden über das Gebiet hinaus

ist von uns noch keiner. Und was heißt bei dem einen oder andern hier an Ort und Stelle »Er ist bekannt«? Daß er ein Sonderling oder ein »Unikum« ist. So wie unser ortsbekannter Erfinder, mit den zweitausendundvier angemeldeten Patenten, von denen kein einziges je in den Handel kam. Oder der bekannte Wünschelrutengänger, der sich eines Tages ins Unterholz setzte und sich samt seiner Rute, mit zwölf Dynamitstäben im Mund, in die Luft gesprengt hat. Der Dichter, der seit zweiundzwanzig Jahren jeden Moment seiner Freizeit an der Enklavenhymne schreibt und weder ein Versmaß gelernt hat noch überhaupt eine Rechtschreibung. Und auch kein Hauch von einer Geschichtsträchtigkeit hier. Wenn ein Pflug einmal auf Eisen stößt, dann stammt das von einem Stück des verrosteten Vorpflugs, und niemals von einer vergrabenen Königskasse oder einer Kriegswaffe. Die sogenannte »Schlacht am Schwarzen Berg« hier soll eine Verballhornung sein, ein Mißverständnis, aus einer jahrhundertealten Kette von Hörfehlern, so wie man beim Kinderspiel einander ein Wort von Ohr zu Ohr sagt, bis am Schluß etwas ganz andres herauskommt. Ursprünglich habe unsere Schlacht am Schwarzen Berg demnach geheißen: »Ankunft der Slaven aus dem Norden«. Die Hunnen, Araber und Franken, die hier durchzogen, haben unser Stück Land schlicht übersehen. Das flüchtende Kosakenheer am Ende des letzten Kriegs hat uns nur gestreift, gerade ein paar Pferde blieben von ihm übrig und sind jetzt Ackergäule: Gefangen wurden die fremden Soldaten woanders, weggemetzelt wieder woanders, wie auch von

20

unseren Zwangssoldaten ein jeder für sich woanders starb, und wenn überhaupt mit einem Namen am Grab, dann war der falsch geschrieben. Keine Sagen hier, keine Geschichte, kein großer Mann. Erzählt wird höchstens von den Verschollenen – aber was? Daß sie verschollen sind. Oder von den paar Ausgewanderten – aber was? – auch sie sind verschollen. Keiner von uns, der je Flügel hatte? Uns je Flügel machte? O großartige Öde unserer Heimat!

Idiot *bleibt im Weitergehen stehen, das* Volk *tut es ihm, stumm fragend, nach.*

Idiot
Ich kann nicht gehen und reden zugleich. Ich war nie in der Schule oder im Volksheim wie du. Ich kann nicht zwei Sachen auf einmal tun. *Er schlägt sich mit einem dicken kleinen Buch auf den Schädel, mehrmals.*

Volk
Selbst wenn du nur eine Sache tust, versteht die kein Mensch. Kaum fängst du etwas an, wird alles unklar, auch das Rundherum. Fällst du in unsere Volkslieder ein, bringst du den Vorsänger aus dem Takt, und jeder verliert seinen Text.

Idiot
Höre, Enklavenvolk. *Er haut dem* Volk *das Buch auf den Kopf, nach Leibeskräften.* Hier war in der Vorzeit ein Königreich. Nur sind dazu kaum Könige erschienen.

Und wenn, so sind sie auf der Stelle gestorben. Ihre Maulwurfskadaver wurden, so geht die Sage, an Schnüre gereiht und an die Grenzbäume gehängt, als Abschreckungszauber. Im Wald dort drüben: Der Weg mit den schwarzen Schwellen aus dem Moorholz, das ist der Königsweg. Und der eine glimmerglitzernde Kiesel bei der weggeschwemmten Brücke dort, am Grund des Bachbetts, ist eine Königsmuschel – ich bin gestern zu ihr hinabgetaucht. Und der Thron unserer Könige stand nicht erhaben über der Erde, war vielmehr in diese eingesenkt, das Gegenteil von einem Pfauenthron – nicht alle die Trichter im Boden hier stammen von Bomben. Die Völker jenseits der Grenzen bekamen ihre Könige erst weit später als wir, und sie setzten sie nach ganz anderen Maßstäben ein: nach Reichtum, nach Kraft, nach Schönheit, nach Mundwerk, und danach Vererbung. Wir dagegen, das erste Königsvolk, ließen den König uns jeweils bestimmen durch einen Traum. Und damals träumte das Volk hier noch aufs Haar jeweils die gleichen Träume, zur gleichen Stunde der gleichen Nacht hat ein jeder Enklavenbewohner den gleichen Traum geträumt, wie noch früher, wurde mir gesagt, sogar die ganze Weltbevölkerung. Traumweise also fiel die Wahl auf unsere Vorzeitkönige. Aber warum haben die sich kaum gezeigt? Ich weiß es nicht. Niemand weiß es. Sagst du es mir? Sagt ihr es mir? Ich suche ihn, den König für hier, und nicht erst seit gestern. Höre, Enklavenvolk: Keine neue Knechtschaft soll das heißen, sondern Freiheit – nein, etwas, für das ein Wort sich erst finden wird im Licht dann der Sache. Vorzeichen: Nur über unserm Land fliegen die Vögel mit ausgebreiteten Schwingen, nur hier noch lassen sie sich in Ruhe nieder zum Fressen und Spielen, nur hier noch sieht man die sonst lufthöchsten Vögel unten durchs Gras trippeln in wunderbarer Sorglosigkeit.

VOLK
Weil rundherum alles bebaut und verbaut ist, und hier weit und breit das einzig halbwegs freie leere Feld übrig ist. Und Fressen und Spielen der Vögel hier? Vor allem doch der ideale Ort zum Jagen und Kämpfen und Beuteschlagen – wo sonst als hier bei uns findest du auf Schritt und auf Tritt im Gras so viele blutige Federn und Blutklumpen. Nein, nicht bloß das Königtum ist ausgestorben: auch der Traum davon. Nur ein Idiot wie du kann so daherreden.

IDIOT
zieht einen wie toten Vogel aus der Hose, der dann herum- und wegflattert. Und?

VOLK
Immer wart es nur ihr Idioten, die uns hier etwas vorerzählt habt. Schluß endlich mit euch Idiotenerzählern und euren Verwirrgeschichten. Ich, als das Volk, brauche zwar einen Erzähler, um zu sehen und zu spüren, wie es weitergeht – aber einen, der, statt alles durcheinanderzubringen, es im Gegenteil schön auseinanderhält: So einen Erzähler brauchen wir. Und der Idiot, der mir etwas zu sagen hätte, müßte schon zumindest einer

von Shakespeare sein. Und der, als dessen Herold der
aufträte, müßte ein König sein, wie es ihn nicht einmal
bei Herrn Shakespeare gibt, und schon gar kein Karten-
könig oder Schützenkönig – eine Art Häuptling Mor-
genwind. Bis dahin freilich: Im Namen des Volks –
Maulhalten, Enklavenidiot.

*Er wirft ihm ein Tuch über den Kopf und schickt sich
an, so mit ihm abzugehen, Richtung Glockengeläut
oder Fährensignal. Da treten zur anderen Seite* PABLO
und FELIPE *auf, als noch recht kleine Knaben, fast nur
von hinten zu sehen.* VOLK *hält inne und nimmt dem*
IDIOTEN *das Vogelkäfigtuch wieder ab. Das Kind* FE-
LIPE *hinkt und wendet sich zugleich im Gehen rundum,
auch himmelwärts, sein Gehumpel wechselt ab mit hei-
teren Hüpfschritten, während sein Vetter* PABLO *wie
schlafwandelt, einen Fuß vor den anderen setzend, den
Kopf ständig zu Boden gesenkt, die Arme ohne ein Pen-
deln. Sein Vetter nimmt ihn schließlich an der Hand und
bringt ihn in Schwung. Und dann geht hinter dem Lia-
nenvorhang, welcher das Stück Waldrand andeutet, ein
Rumoren los. Pfeile, ein Schwarm, kommen dort her-
ausgeflogen, denen Aststücke, Steine und Prügel folgen.
Ein Trompeten wie bei einem Heeresangriff, blechern
und mißgestimmt. Die Vettern setzen ihren beschwing-
ten Weg fort,* VOLK *und* IDIOT *sind Zuschauer. Eine
Truppe von vier anderen Kindern stürzt nun zwischen
den Lianen hervor, allesamt mit Faschingsmasken
vorm Gesicht, unter Peitschenknallen und Brombeer-
dorn- sowie Brennesselschwingen; einer, mit einer Gas-*

anstelle der Faschingsmaske, erkennbar als der Anführer. Und so stellen die vier sich den Vettern in die Quere, schlagen auf sie los. FELIPE *wehrt sich mit einem Lächeln im Kreis, von einer Art, daß zumindest einer der Invasoren seine Feindseligkeit einstellt und seinem Blick folgt, ganz woandershin. Auch der Knabe* PABLO, *jedem Schlag beiläufig ausweichend, mit dem Gesicht eines Schläfers, wendet sich nun um und um, zuletzt auf den Gasmaskenträger, welcher zurücktritt, wie um mehr Spielraum für seine Peitsche zu haben.*

GASMASKE
zieht zur Peitsche noch eine Holzfällerkette hervor.

PABLO
öffnet die Schläferaugen.

GASMASKE
senkt die Arme und hebt sie zu ein paar wechselweisen Luftstreichen.

PABLO
bricht mit den Händen einen Apfel auseinander.

GASMASKE
läßt ein wie im Wald gefundenes Bajonett hervorschnellen.

PABLO
frißt einen blindschleichengroßen Wurm.

GASMASKE
läßt alles fallen zugunsten einer im Wald gefundenen Handgranate, an deren Zündkettchen er nestelt.

PABLO
zieht aus den Trümmern der Großvaterkutsche einen ausgestopften? Fuchs, den er sich unter die Achsel klemmt; ein präpariertes? Krokodil, das er sich unter die andere Achsel klemmt; einen ausgestopften? Adler, im Schnabel mit einer Schlangenhülle?, den er sich über den Kopf stülpt, und zuletzt gesellt sich ihm noch das Gespenst? des Großvaters zur Seite, in seinem roten Umhang.

GASMASKE
hört zu nesteln auf und blickt beiseite.

GROSSVATER
nimmt die Hand der beiden Enkel.

PABLO
schlägt die Hand weg, entreißt dem Gasmaskenjungen die Granate, zieht.

FELIPE
nimmt ihm das Ding ab und wirft es zurück in den Wald, aus dem dann nichts kommt als ein großes Wehen.

PABLO und GASMASKE
gehen unversehens mit Holzprügeln aufeinander los und liefern sich ein klassisches Degengefecht, wobei GASMASKE *endlich von der Bühne vertrieben wird.*

Dunkel.

4

Wie am selben Tag und wie in einer anderen Zeit. Unter dem immerfreien Himmel Helligkeit, Farbigkeit und weite Sicht. Die Kinder PABLO *und* FELIPE, *eher nur von hinten zu sehen, nebeneinander auf zwei Schaukeln.* PABLO *kommt mehr und mehr in Schwung, während sein Vetter in Bodennähe schlingert.*

FELIPE
Wer hat als erster Mensch den Mount Everest bestiegen?

PABLO
Sir Edmund Hillary.

FELIPE
Wer war Heraklit?

PABLO
Einer aus einer anderen Enklave. Er brachte kaum den Mund auf, und wenn, dann sagte er: Wer schläft, grenzt an einen, der wach ist, und wer wach ist, grenzt an einen, der schläft. Und nie hat er gesagt: Alles fließt, sondern: Die in ein- und denselben Fluß steigen, an denen fließen dann andere, und dann wieder andere Gewässer vorbei. Und er hat gesagt: Das Königreich ist ein spielendes Kind. Und er hat gesagt: Es ist Morgen, und

gleich nach dem Aufwachen tun die Brennesseln noch
nicht weh. Alles, was er sagte, auch wenn es nicht die
Form eines Gesetzes hatte, hatte Gesetzeskraft. Und
seine stehende Wendung war: Das ist nicht gerecht.

FELIPE
Und wieviel ist fünfundachtzig mal achthundertacht-
undfünfzig?

PABLO
Zweiundsiebzigtausendneunhundertdreißig.

FELIPE
Wie geht die Kleine Nachtmusik?

PABLO
summt.

FELIPE
Wie ruft Woody Woodpecker?

PABLO
macht den Ruf nach.

FELIPE
Wer ist der Erfinder der Schaukel?

PABLO
Mein Vater.

FELIPE

Wer ist dein Vater? Was tut er?

PABLO

Mein Vater ist ein Ausländer. Er ist tot. Nur als ich neulich, am Bach dort bei der Viehweide draußen, das Nachbarmädchen auszog, hat meine Mutter, bei all dem Auflauf und dem Geschrei dann um das Haus herum, in einem fort gesagt: »Dein Vater lebt!« Angeblich sehe ich ihm ähnlich. Nur möchte ich ein ganz anderer werden als er. Ein Erster. Ein Allererster. Und dann wieder möchte ich schon tot sein. Nicht nur gestorben, sondern aus der Welt geschnippt wie ein Zehennagel. Das ist nicht gerecht! *Er springt im hohen Bogen von der Schaukel und schleudert eine Gerte als Speer in den Wald.* Steckt! *Eine Art Siegestanz.*

FELIPE

auf der Schaukel weiter vergeblich den Schwung suchend, sich an den Seilen zusehends verheddernd. Mein Vater lebt in einem großen Land. Eines Tages wird er kommen und mich heimholen. Er ist auch auf dem Rükken behaart und hat ein Muttermal auf dem Hintern. Er hat das Buch »Krieg und Frieden« geschrieben und den Apfel der Mona Lisa gemalt und den Schneewalzer komponiert. Ich werde mit ihm um die Wette laufen. Und er wird in der Lampe endlich die kaputte Birne auswechseln. Und er wird uns vor unseren Feinden schützen. Nur hat er gerade wieder den Zug versäumt, wie gestern, wie vorgestern, wie vorvorgestern. *Er bläst, vollends verheddert, in eine Mundharmonika, worauf ihn sein Vetter von der Schaukel löst, im Handumdrehen.*

Sie gehen, hinken und hüpfen ab.

Dunkel.

5

Wieder sind in der Enklave die Jahre, die Jahreszeiten, die Zeitalter vergangen. Und vergehen gerade weiter? Unter dem immergleich freien Himmel räumen UNBE-KANNTE *die letzten Trümmer der Kalesche weg, und an deren Stelle kommt eine Betonmischmaschine, woran sich auch schon die Trommel dreht. Ähnliches geschieht mit den letzten Resten des Boots oder Schilfschneidenachens, deren Platz im Nu eine kleine Reihe von Orangenbäumchen einnimmt, plantagenhaft. Aus den Schaukeln werden blitzschnell Steigleitern. Das Lianendickicht wird gekappt, im Handumdrehn. Die letzten, die Enklave markierenden Blenden, Pflöcke, Grenzschranken sind schon weggetragen, und es gibt keine Enklave mehr, oder diese hat sich geweitet? Einer von den* LETZTEN KÖNIGEN *trollt sich als betrunkener Statist über die Szene, sichtlich im falschen Moment, und wird schleunigst zurückgepfiffen. Laub, das eben noch gefallen ist, steigt himmelwärts. Zwei* UNBE-KANNTE *tragen auf Stangen zwischen sich ein Traubenbüschel, das größer ist als sie. An die Stelle der Betonmischmaschine kommt nun ein Tischfußballgerät, an diesem jetzt der beinah erwachsene* PABLO, *erkennbar daran, daß er sofort ein Tor schießt, und* FELIPE, *erkennbar an seinem Hinken und erfolglosen Fuchteln. Ebenso ist jetzt auch schon wieder die Zeit der Orangenbäume vorbei: an ihrer Stelle ein Schießstand, als*

Zielscheibe ein überlebensgroßer Menschenaffe, auf welchen nun auch schon die vier der ebenfalls fast erwachsenen Raumverdränger losknallen, deren Häuptling daran erkennbar, daß er sogleich Felipe vom Platz rempelt, worauf ihm die Vettern, von der Szene verschwindend, sofort das Spiel überlassen, das er freilich nicht spielt ... Und schon verschwinden alle, nachdem auch Spielgerät und Schießstand wieder eingerollt und abtransportiert worden sind. Nur das wie eh im Leeren stehende Portal: Hat es nicht ein besonderes Licht bekommen? Der GROSSVATER oder AHNHERR wandert über die Bühne, wobei aus seinem Osterumhang neunundneunzig Äpfel poltern. Und von neuem geht das Wehen los, siehe die Hängeleitern.

Dunkel.

6

Ganz vorn, an der Rampe, in dem inzwischen wie unbe-
grenzt weiten Land, erheben sich nun zwei kleinwinzige
Ruhebänke, einander genau gegenüber, mit so wenig
Raum zwischen sich, daß die zwei Schwestern, *die da*
und dort hocken, geradezu eingezwängt wirken. Über
ihnen freilich der immerfreie Himmel. Die Schwestern
haben beinah etwas Städtisches.

Die erste Schwester
Das sind die überhaupt ersten Bänke, die seit der Er-
schaffung der Welt hier für die Bevölkerung aufgestellt
worden sind. Wir können froh sein mit der neuen Zeit:
Die offenen Grenzen, die neuen Tänze, die Müllabfuhr,
die asphaltierten Feldwege, Zähne aus Weißgold, Grab-
steine aus Südseemarmor, Fernseher, die uns zugleich
die Häuser heizen, Milch aus Feuerland, tibetanischer
Speck, Ortsbeleuchtung bis hinaus und hinein in die
Fuchslöcher der alten Gemeinde »Dunkelschweig«,
und jetzt auch noch die Erlebnissitzbänke in den ehemaligen Enklave-Auwäldern.

Die zweite Schwester
Ja, froh. Nur könnte die Aussicht ein bißchen schöner
sein. Wie hießen wir früher, gerade wir, die Enklavenbewohner? Die Ausschauhalter. Freilich sind die Bänke ja
auch da zur Kommunikation unter uns. Zur Diskus-

sion. Zum Zusammenhocken. Auge in Auge, Runzel an Runzel, Knie an Knie, Zahn um Zahn.

Beiderseitiges Innehalten.

DIE ERSTE SCHWESTER
Nur haben wir so das mit der Rache vernachlässigt. Nicht bloß, daß unsere Söhne mehr und mehr ihren fernen Vätern ähneln – sie träumen auch von ihnen, statt von unsern beiden Brüdern, deren beispielhaftem Leben und deren beispielloser Vernichtung.

DIE ZWEITE SCHWESTER
Wir müssen ihnen mehr von unsern Brüdern erzählen, und etwas anderes als deren Tod und Vernichtung. Etwas Unsterbliches. Die Unsterblichkeiten, die kleinen, die paar, die paar Kerne, die in zehn Jahren noch austreiben werden, in hundert – von unseren toten Brüdern die Kerngeschichten.

DIE ERSTE SCHWESTER
So wie seinerzeit der erste Pablo sämtliche Kinder der Enklave übertraf, indem er beim Hinunterrennen auf der Avenida der war, der am längsten gefurzt hat, noch bis weit in die Steppe hinaus? So wie seinerzeit der erste Felipe mit einem Stück Brot den lebenden Maikäfer verschluckt hat? So wie der erste Pablo seinerzeit von seiner ersten und letzten. Verlobten den Ring zurückbekam, weil er, statt sie, ständig nur die Apfelsorten in seinem Apfelgarten anhimmelte, seine Reine Claude, seine

35

Marquesa von Bilbao, seine Goldjungfrau, seine Weiße
Yolanda, seine Saft-Rachel …? So wie der erste Felipe
seinerzeit bei seinem einzigen Heimaturlaub im Krieg,
nach sechs Monaten in der Tundra beim Tundrabeeren-
fressen, die Tasse Milchkaffee, die ich ihm kredenzte,
wie seit jeher, wie schon als Kind, von sich weit weg-
schob, denn obenauf schwamm doch tatsächlich einer
dieser kleinwinzigen Rahmfetzen?

*Währenddessen sind die zwei Söhne, inzwischen junge
Erwachsene, zu ihnen getreten, im Aufbruch, reisefer-
tig, Silhouetten in dem leeren Portal.*

Die zweite Schwester
»Seinerzeit«, sagst du. Dabei hatte eben keiner unsrer
Brüder seine Zeit. Und das ist der Skandal, oder das
Verbrechen, von dem unser Vater ständig geredet hat.
Und du machst dich lustig über unsre Sippe und unser
Volk. Aber ist es nicht doch etwas für die Nachwelt, als
damals der eine beim Alleinspielen vor dem Haus sang-
und klanglos verschwand und der andere ihn dann er-
witterte auf dem Grund der Jauchengrube, deren Ober-
fläche schon längst wieder glattschwarz war, und ihm
dann die Jauche aus den Lungen saugte, und ihn wieder-
belebte? *Sie wendet sich an die Vettern.* Und so sollt ihr
noch hundertmal weitererzählen, wie der eine damals,
seinerzeit!, als ihm der glimmende Baumschwamm, ent-
zündet vor der Kirche dort mit dem Osterfeuer, auf dem
Heimweg von dem Tragedraht fiel, die letzten Glut- und
Glosestücke aufklaubte und in seinen hohlen Händen

ins Haus getragen hat zum Herdfeuer. Wie der andere, als der hellste Kopf der Enklave in eine auswärtige, sehr auswärtige höhere Schule geschickt, nach einem Monat des Heimwehs – weiß heute noch jemand, was Heimweh ist? – von dort ausbrach, sieben Tage und sieben Nächte sich durch die Sierra Morena, den Despeña-Perros-Paß, die Mancha, das Delta des Ebro, das Moor von Lubiana, den Wolfsgraben und zuletzt die Selbstschußheide schlug und »bei nachtschlafender Zeit«, wie man seinerzeit noch sagte, hörbar wurde draußen im Hof – damals sagte man noch »Hofstatt« – unseres, wie es damals noch hieß, »Anwesens«, woselbst er, statt zu uns und seinem Vater ins Haus zu treten, mit dem Rutenbesen sich ans Kehren machte – »Fegen« in der Sprache der späteren Okkupationsmacht, und wie er dann, statt Bischof oder Politiker zu werden, Tischler oder »Schreiner« lernte und unsere Kammer die Tür bekam aus dem Olivenholz mit dem Spiralmuster! Und wie der eine nur meiner Liebesfrucht wegen nicht zum Partisan wurde und seinen todsicheren Plan für das Attentat gegen den Kriegsteufel sausen ließ und bei seinem ersten und letzten Heimaturlaub von der Front sogar Freundschaft schloß mit deinem Vater, dem Besatzer, ihm das enklaventypische Kartenspiel »Königrufen« beibrachte und ihm die Taschen vollstopfte mit der eigenen Apfelzüchtung »Prinzessin Maria-Inkarnation«.

DIE ERSTE SCHWESTER

nach Dazutreten des VOLKS *und des* IDIOTEN. Meinem Sohn hier wirst du damit keine Tradition und keine Ahnenreihe aufpfropfen. Er hat im Grund Ähnlichkeit mit niemandem. Seine Art ist neu, und nicht nur für unser beschränktes Gebiet. Neu? Unheimlich bist du mir, Sohn. Und das entspricht mir nicht, das mag ich nicht. Für die hiesigen Leute bist du entweder der neue Einstein oder der wiedergeborene Averroës, der wiedergeborene Manolete oder der neue Marlon Brando, oder der wiedergeborene Dschingis Khan oder der neue Salomo. Es stimmt: Alles glückt dir, im Handumdrehen. Jeden besiegst du, ohne daß du doch siegen willst. Die Alten und die Jungen, Männer und Weiber, sogar das Vieh, und nicht bloß die Haustiere, bezauberst du, ohne dein Zutun, ohne daß du auch nur den Mund auftust. Mit zehn warst du der Schachmeister hier, mit zwölf der Preisträger im Landschaftszeichnen, mit vierzehn der Jugendschützenkönig, mit sechzehn der Landeskunsttanzmeister, mit achtzehn der Erfinder eines Computerprogramms, welches die gesamte hiesige Behörde ersetzt hat, mit neunzehn Vater – Mutter und Kind unbekannt –, mit einundzwanzig aus der Ferne Doktor der Arabistik der Universität von Marrakesch und Leutnant der Reserve in Ceuta. Nur singen kannst du nicht, oder? Man sagt, du seist zu groß für hier. Und nur ich weiß, daß etwas nicht stimmt mit dir. Die Welt täuscht sich in dir. Und du möchtest sie das vergelten lassen. Ihr dafür, daß du sie so begeisterst, etwas Böses antun, ihr zumindest einen Fußtritt geben. Oder weggehen und dir selber das Böse antun. Oder dich vor ein Erschießungskommando stellen. So geht jedenfalls dein Kampf, Ende unabsehbar? Mein Sohn, ich tue dir Unrecht. Ich habe Lust dazu.

DIE ZWEITE SCHWESTER
Und mein Sohn? Was sagt das Volk von ihm?

VOLK
Ohne besonderen Ehrgeiz. Sparsam. Sangesfroh. Still. Unauffällig. Beliebter Nachbar. Hilfsbereit. Hat zu früh mit dem Wachsen aufgehört. Trotz seiner Behinderung bodenständig. Sprunghafte Schrift. Mondsüchtig. Neigt zu Selbstgesprächen. Guter Zuhörer. Kinderlieb. Zeugungsunfähig. Schicksalsgläubig. Ewig auf der Vatersuche. Lieblingsmusikstück: »Ich freue mich auf meinen Tod.«

DIE ZWEITE SCHWESTER
So schlägst du jedenfalls nicht aus der Art unsrer Sippe. Und das ist nicht recht so. Und deswegen sollst du jetzt für möglichst lange weitestmöglich weg von hier. Denn verliebt in das örtliche Unglück bist du, wie in der Familie fast alle bis zu dir. Da, an Ort und Stelle, wartest du wie deine Vorfahren auf das Unglück, die Katastrophe, das Verderben, und wünschst dir, wie deine Ahnen, im Unglück anzukommen mit dem Gedanken: Endlich im Leben! Im Unglück: Wie deine Altvordern atmest du dabei auf und sagst und lachst: So ist es recht!, oder sogar: Umso besser! Wenn schon das Unglück, Sohn, dann

such es woanders als in unserem Abseits – such es draußen in der Welt, im Geschehen, in der Aktualität, in der
Aktivität, in einer Kriegs- oder Erdbebenzone, am besten beides zusammen – so bekommt das Unglück wenigstens einen Zug. Unser kleines Enklavenunglück
wurde nie zügig, nie enthusiastisch, weil es nie mitpas-
sierte mit dem der großen Menge. Einzeln und abseits,
wie wir blieben jeweils mit unseren Katastrophen, kam
zu diesen auch noch die Einsamkeit und die Langeweile.
Mach dich auf von hier.

Die erste Schwester

Genug von unseren Söhnen. Seit ihrer Geburt dreht sich
hier alles nur noch um sie. Genug von ihnen, von unseren Brüdern, vom Vatergespenst, von all den Männe-
reien. Das einzige, was von unserer Mutter scheint's
überliefernswert ist, das ist ihr stilles Wesen und ihr mit
großer Geduld ertragenes langes Leiden. Als ich sie damals am Morgen tot fand, mitsamt den knochenharten
Schmerzen über Nacht gestorben ohne auch nur einen
Pieps, und das ganze Haus wachschrie, da fuhr man mir
als erstes über den Mund und wendete sich erst dann zu
dem Leichnam, der von seinem Bett schon kaum mehr
zu unterscheiden war. *Zur* Schwester: Einzig mit den
Klagen der Psalmen, da habt ihr immer laut mitgewin-
selt. Die Lieder von den bösen Feinden zu singen, die
euch umstellen, das ist eure Enklavenweiberherzens-
lust. Wenn ich zurückdenke, sehe ich in unserm gesamten Gebiet hier ein ständiges einverstandenes Zuboden-
fallen. Für mich aber keine Psalmen mehr. Nicht ich! Ich

werde mich woandershin wenden, und allein. Jeden Morgen beim Augenaufmachen und ebenso am Abend beim Einschlafen denke ich: Jetzt und jetzt wird mir das Licht aufgehen, mir hier, mir persönlich, endlich, und endgültig, für das Leben, für die Zukunft, die meinige. Kein anderer, kein Beispringer, kein Sohn, ich selber werde die Lösung finden, und einzig für mich, und das genügt doch, oder? Zeig mir die Tür, die meine, oder gibt es für mich keine?

IDIOT
»Psalm dreitausendsechshundertsechsundsechzig.«

DIE ERSTE SCHWESTER *läuft zu ihrem Sohn, wobei sie eine Rute zieht, mit der sie ihm mehrere Schläge versetzt.*

VOLK
kommentiert. Das tut sie gemäß unserm alten Brauch, wonach beim Markieren der Grenze zwischen zwei Gebieten einem Kind der Grenzstein so eingebläut wurde, für später: Ebenso soll von nun an Don Pablo hier bei seiner Rückkehr spüren, daß er das Land seines Ursprungs betritt.

Zwischen Müttern und Söhnen jetzt die Abschiedsumarmung, wozu VOLK *und* IDIOT *eine kleine Abschiedsmusik spielen, zu welcher* PABLO *und* FELIPE *sich dann auf den Weg machen, begleitet von den Enklavenmusikanten, während für einen Augenblick am*

Horizont die PLATZVERDRÄNGERROTTE *erscheint, mit einem Riesenkamm, womit sie den Raum auskämmen – schon wieder verschwunden. Und Wind fährt über die Szene, zu sehen vor allem an den beiden mit den Reisekleidern. Und immer wieder der Blick des hinkenden* FELIPE *zurück über die Schulter: Fast schon abgegangen, kehrt er jetzt mit einem Ruck zurück und streift sich den Mantel ab.*

FELIPE

Ich gehe nicht weg. Nicht in das Ausland. Nur an Ort und Stelle bin ich in meinem Element. Nur in unsrer Enklave kann etwas werden aus mir. Ihr werdet sehen, ihr braucht mich hier. Ich werde euch nicht nur den Mist abtransportieren und die Beete umgraben, sondern auch die Chroniken schreiben, die Träume vertonen, die Streite schlichten, die Grabreden halten. In mir ist etwas, das ich teilen soll – ich weiß nur noch nicht, was. Jenseits der Grenzen dort würde es jedenfalls abgewürgt, und ich dazu. Die Großmachtleute dort drüben haben den letzten Krieg schon längst wieder auf ihre Habenseite gebucht und behandeln jeden Anderwärtigen bestenfalls als ihren Ladenschwengel. Höchstens einer wie Pablo kann ihnen vielleicht die Stirn bieten. Und ihr Bereich ist inzwischen fast überall – sie brauchen gar kein eigenes Reich mehr. Wo sie auftreten, wollen sie das Sagen haben und verdrängen mitten im Frieden den Raum. Nur hier noch nicht, noch nicht wieder. So laßt mich bleiben. Daß hier keiner an mich glaubt, und am wenigsten du, meine Mutter, das stachelt mich an, das macht mich heiß. Hört gnädigst nie auf, nicht an mich zu glauben! Hauptsache, ich bin in eurer Gesellschaft, und der der örtlichen Steppen, Friedhöfe, Feldwege und Gasthäuser. Und warum soll ich, um meinen Vater zu sehen, zu ihm ins Ausland gehen? Soll er doch hierherkommen, zu uns, zu seiner Liebe. Und wenn kommen, so nicht wie seinerzeit als der Eindringling, sondern als der Gast. Und so wird mein Vater hier vielleicht der erste sein, der an mich glauben wird. – Aber vielleicht möchte ich mich einfach nur hier verstecken? War ich nicht schon immer ein Meister wenigstens im Versteckspielen? Nicht einmal in dieser Hinsicht glaubst du an mich, Mutter? Recht so. Umso besser.

PABLO
Ich nehme euch allesamt mit, da unter meinem Mantel. Und wenn ich zurückkomme von meiner Expedition, soll hier an Ort und Stelle eine andere Expedition anfangen, eine größere, eine gemeinsame. Die Geschichten heutzutage gehören ansonsten dem Film. Doch diese jetzt, meine, unsere, so oder so, wird eine sein, die nicht dem Film gehört. Könnte ich mich dazu nur vergessen. Könnte man mich dazu nur vergessen.

Wieder kurzes Auftauchen der RAUMVERDRÄNGER *hinten, wie aus einem Sumpf, mit Schlingen, Lassos usw. Im Daraufzugehen rutscht* PABLO *der Mantel von den Schultern. Er findet falsch wieder hinein. Dann rutscht er aus dem Schuh, dann aus dem zweiten – zieht sie sich falsch an. Und so poltert er im Streit mit sich und den Dingen unter Wutschreien ab.*

PABLO
Schon wieder ich. Immer ich! Das ist nicht gerecht!

Hinter der Bühne Getöse. IDIOT *folgt ihm und kehrt auch schon gestikulierend zurück.*

IDIOT
Sie wollten ihn treffen, und trafen sich selber. Der erste stellte ihm ein Bein und fiel selber darüber. Der zweite wollte ihm den Kopf in den Bauch rammen und rammte den dritten. Der vierte goß Benzin aus und steckte sich selber in Brand. Und als sie allesamt auf ihn losspuckten, spuckten sie sich untereinander voll. Eins verfing sich dann mit den Haaren im Affenbrotbaum. Zwei rief nach Wasser und seiner Mamma. Drei wurde zum Schneemann. Vier verwandelte sich in ein schüchternes junges Fräulein. Wie aus einem Mund schrien sie: »Was ist das?«, und: »Noch ein Tor!« Und aus allen acht Augen krochen ihnen die Termiten. Und dann ist der Grenzbach vereist und über die Ufer gegangen. Und die Vogelscheuchen haben Kopfhörer bekommen. Und sie haben einander ihre Briefmarkensammlungen gezeigt. Er aber hat sich nicht einmal nach ihnen umgeschaut. Er schien im Gehen zu schlafen, und ebenso dann auch beim Rudern durch das Schilf. Das Schiff hat schon auf ihn gewartet, es war aus vergoldetem Pergament. Ich habe ihm noch einen Bleistiftstummel geschenkt, und er

hat gesagt: »Hau endlich ab!« Das geschah am Tag des Kindes, in der Woche des Weltsparens, im Jahr des Igels und im Zeitalter der Hyänen.

Währenddessen kommt die RAUMVERDRÄNGERROTTE *über die Szene gezogen, rempelnd, rüpelnd, wegabschneidend, auf die Enklavendinge einhauend, -tretend, einräuchernd, usw., zuletzt den* IDIOTEN *am Reden hindernd, indem sie ihm wechselweise zum Beispiel Ohren, Mund, Nase und Kehle zuhalten, ihm die Fersen umklammern, als er Taktschlagen will, ihn durch die Luft werfen usw. – danach mit weggestreckten Ellenbogen usw. ab.*

IDIOT
Volk, du hast recht: du brauchst einen neuen Erzähler. Ich Idiot sollte endlich abdanken und höchstens noch ersatzweise mittun, als das fünfte Rad der Geschichte. *Beiseite:* Aber wer weiß, ob das nicht auch für was gut ist! *In den Raum:* Wer löst mich ab? Welcher weitgereiste und gelehrte Veteran, reich an Jahren, grau an Haaren, einarmig geworden in den Schlachten, die Stimme geschult in den Gefängnisschächten, Altersflecken an den Schläfen, Augen für anderes als bloß unsre Blindspiegelgegenwart – welch neuer Miguel de Cervantes löst mich ab?

Und jetzt tritt der neue Erzähler auf, die ERZÄHLERIN, *eine schöne junge Frau, und hängt sich ein in den* IDIOTEN.

Die Erzählerin

Hier bin ich. Ich bin euer neuer Erzähler, gerade groß-
jährig geworden, heute morgen noch ein Kind, morgen
früh hoffentlich wieder ein Kind. Mein Werdegang ist
folgender: Frühwaise, mit sechs jüngeren Geschwi-
stern, die ich allein aufzog. Viehhüterin an einem lang-
sam fließenden Bach. Als ich dort einmal an einem
Herbstabend an einem Kartoffelfeuer saß, stand plötz-
lich niemand vor mir, und sagte nichts, und noch einmal
nichts, und wieder nichts. Es war nicht im Krieg, und
nicht im Exil, und nicht während des Hochwassers, und
ich bekam weder eine Rüstung noch eine Schreibtafel.
Mehr als ein Jahr lang brachte ich danach kein Wort
hervor. Aber dann, zum Lichtmeßfest, am zweiten Fe-
bruar, fing ich an: »Und… als … nachdem… als…
nachdem … und… und dann… und dann… und als
… und nachdem … und dann …« Nicht bloß meine
Geschwister versammelten sich dabei um mich, und ich
zupfte, nestelte und wirbelte an ihnen herum wie noch
nie, sondern es traten auch die Leute von der Straße ins
Haus und blieben bis in die tiefste Nacht. In der Folge
kam ich auf besondere Erzählerschulen – blieb freilich
nirgends lange: Auf der einen wurde mir vor lauter
Wirklichkeit und Wissenschaft jedwedes Wirkliche un-
wirklich; auf der andern lernten wir so lange tiefes
Atmen, entgrenzende Ruhe und entselbstende Freude,
daß sich bei mir außer Ruhe und Atmung rein nichts
mehr tat; und auf der dritten war mir einfach das Gras
zu grün und der Himmel zu blau. So bin ich freie Wandererzählerin geworden, nirgends fest, ohne Sitz oder

46

Residenz, auf eigene Faust. Faust? Eher so: *Sie öffnet ihre Hand.* Meine einzige Regel, das sind die Anfangsmomente damals an Wasser und Feuer, als niemand nichts sagte, und wieder nichts sagte. Wo ich auch durchwandere, kommen selbst die Alten, die doch, meint man, Geschichten genug mit sich herumtragen, und sagen: »Erzähl mir von mir!« Seßhaft bin ich nur einmal gewesen, am Hof des Königs von Navarra, der sich allmorgendlich, statt seine Throngeschäfte zu betreiben, in seinen Grenzfluß Bidassoa stürzen wollte: Meine Erzählungen von tausendundzwölf Morgen, um den König am Leben zu halten. Und wie es sich ausgewirkt hat, als mich unterwegs dann einmal böse Mächte eingesperrt haben, wißt ihr, hoffentlich, alle aus dem Zaubermärchen von der »Gefesselten Phantasie«?

ALLE
Ja!

VOLK *will wegschleichen.*

ERZÄHLERIN
Bleib da, Volk. Du kommst mir nicht aus. Deine zeitgenössische Phantasielosigkeit, oder Schädelverengung, oder Blutstockung, oder Traumschwäche, oder Bildunfähigkeit ist ein Grund der schon wieder nahen Katastrophe. Schreib das auf, Felipe Vega.

FELIPE *schreibt.*

ERZÄHLERIN
Spitz die Ohren, Volk.

VOLK *spitzt die Ohren, wobei ihm der* IDIOT *hilft.*

ERZÄHLERIN
Und ihr zwei Schwestern wendet euch gefälligst, statt
enklavengewohnt zum Himmel oder zum Erdboden,
her zu mir, in Augenhöhe.

DIE SCHWESTERN *gehorchen, wie in einer Verrenkung.*

ERZÄHLERIN
Die heutige Spielart der ihrer Flügel beraubten Einbil-
dungskraft kann kein Feenmärchen mehr sein. Sie ist
ein Drama. Daß es mit den Sagen und Märchen Schluß
ist, heißt nicht, daß es bloß noch Nachspiele gibt. Meine
Quelle ist diejenige welche. In ihr lösen sich die dicksten
und schlammigsten Blutpfropfen auf. Aufgepaßt, Volk:
Erst mit mir wirst du geboren. Ich bin da, um dein Leben in die Hand zu nehmen – in beide Hände – und es zu
beschwingen, für den Notfall oder auch bloß so. Hät-
test du seit je gehört auf das, was von mir kommt, du
bräuchtest keine andere Ordnung und auch keine aus-
drücklichen Vorschriften. So aber hast du oft und oft
vor mir nicht die Ohren gewaschen und warst immer
wieder ein Drecksvolk. Taub für deine rechtmäßige und
angestammte Herrscherin, hast du dir dann eine jede
Fremdherrschaft verdient, solche oder solche. – Du
sollst mich anschauen, Volk, wenn ich trotz allem noch,

und vielleicht letztmalig in diesem Theater, zu dir spreche – oder weißt du nicht einmal mehr, was schön ist? Daß du so verschlossen für mich bist, das ist jetzt das Drama. Zwar ist Frieden, und ich bin da, in Hörweite. Nur der Erzähler kann die Menschen verstehen, oder Gott – aber von dem laßt uns schweigen. Ich bin deine neue und letzte Erzählerin, Volk. Wenn du mich läßt, werde ich bei dir bleiben, zwar nicht alle Tage, aber bis ans Ende der Welt. Ich bin unausschöpflich. Jedoch ich bin nicht allgegenwärtig, und wenn du weiter so taub bleibst gegen mich, räume ich hier meinen Platz für die nächste Fremdherrschaft, die endgültige, ohne eine auch noch so winzige Freiheit. Ohne meine Richtlinien wirst du in den Fingern von ein paar großmächtigen Dreckskerlen der letzte Dreck sein. Und dann wirst du aussterben – austrocknen, ausdunsten, zerbröckeln, zerfliegen, zerduften. Noch freilich, Volk der Enklave, wirst du geliebt, und es hält mein spezieller Speichel dich zusammen. *Sie leckt dem* VOLK *mit ebendem Speichel über Ohr, Nase, Augen, Mund, gibt einen Ton an, langausgehalten, und tanzt dann für ein paar Takte mit allen nacheinander, springt sie, boxt sie, umschlingt sie, tritt sie, halst sie ..., und entläuft dann in die Flur oder Steppe.*

VOLK
Genau wie damals meine Mutter: Noch heute rieche ich ihre Spucke an mir, fürchterlich. – Erzählerin, und so eine schwache, piepsige Stimme – fast gar keine Stimme?

DIE ERSTE SCHWESTER
Seltsame Erlöserin. Eigentlich habe ich genug von sämtlichen Erlösern. Im Alten Testament hat es statt »Erlö-
ser« noch »Bluträcher« geheißen. So einer wäre mir
lieber. Aber wir werden sehen.

DIE ZWEITE SCHWESTER
Noch nie ist bei uns solch eine Schönheit aufgetreten.
Und dabei hat sie, scheint mir, doch alle die typischen
Züge der Alteingesessenen hier. *Zu ihrer* SCHWESTER:
Das wäre die Frau für deinen Sohn. Nur wird er, wie wir
ihn kennen, mit ihr, vor lauter Freude an ihr, bald umso
trauriger werden. *Zu* FELIPE: Hast du alles fein mitge-
schrieben?

FELIPE
liest. Der Regen fällt gerade auf das Kap Horn, zehntau-
send Meilen von hier, so nah, daß ich die Hand nach
ihm ausstrecke. Im Shinkansen-Expreßzug von Tokyo
nach Kyoto zittert die Tachometernadel bei dreihundert. Und jetzt geht ein großes Windsausen durch die
Aleppokiefern, die alle woanders als in Aleppo stehen.

DIE ZWEITE SCHWESTER
Das nennst du mitschreiben?

FELIPE
Ja. *Er lacht.*

Allgemeines Innehalten. Wind geht über die Bühne.

50

IDIOT

Kann mir einer sagen, was bei dem, was unsere sogenannte neue Erzählerin da von sich gab, eigentlich so
anders war als seit jeher bei mir, dem sogenannten Idioten? Außer, daß sie jünger ist, und ein bißchen schöner?
– Aber, na ja, ist das fürs erste nicht schon etwas? – Wir
werden sehen.

Dunkel.

7

Die leere Enklave, ohne Jahreszeit, mit nichts als dem nackten Portal unter dem freien Himmel, der nun, mit dem Hereinstürmen der RAUMVERDRÄNGERROTTE, *auf einmal gar nicht mehr so frei wirkt, und es verschwindet auch auf der Stelle jede Art von Atmosphäre. Die vier sind in nagelneuen, steifen, schweren Grenzschützer-uniformen und gebärden sich wie bei einem Überraschungsangriff – nur ist von der Bevölkerung gerade niemand da. So stecken sie ihre Knüppel weg – alles wird in ihren Fingern zu Knüppeln – und lassen die Stechstangen fallen (alles wird in ihren Fingern...). Der Häuptling ist im eleganten Anzug, doch auch der wirkt steif und steinschwer. Sie sind sichtlich auf fremdem Gebiet, und alles, was sie tun, soll provozieren, usurpie-ren, Luft und Licht wegnehmen – selbst wie einer sich kämmt, die Notdurft mimt, pfeift, schlendert. Was sie auch tun, schwankt zwischen Überleise und Überlaut.*

EINER DER BANDE
Ich habe sie in der Nase.

RAUMVERDRÄNGER ZWEI
Und der Geruch ist alt.

RAUMVERDRÄNGER DREI
Nach kaltem Rauch und verschimmeltem Stroh.

RAUMVERDRÄNGER EINS
Nach faulen Äpfeln und speckigen Kleidern.

RAUMVERDRÄNGER ZWEI
Nach rostigen Ketten, ausgetrockneten Tintenfässern, ausgetrockneten Weihwasserkesseln, nach letztem Dorf.

RAUMVERDRÄNGER DREI
Nach verstopftem Auspuff, zerstampften Bienenwaben, Gebärmutterkrebs, Todesangstschweiß, Hasenkäfig, Löwengrube, Sinnhuberei.

HÄUPTLING
mit einer wie unverstellt sanften Stimme. Es gab eine Zeit, da waren die Leute der Enklave mein Lieblings-volk. Mein Großvater mütterlicherseits stammte von hier. Und von dem, was er mir erzählt hat, bekam ich ein jedesmal Heimweh. Unser großes schönes reiches Stammland dort, und dort, wurde nichtig bei dem Hö-rensagen von diesem so besonderen Landzipfel, und ich habe als Kind nach ihm, selbst auf dem Platz der Neun-undneunzig Weltwunder in unserer Zwanzig-Millio-nen-Hauptstadt, heiße und heißeste Tränen geweint – wie es in der Enklavensprache heißt, »Zähren«! Auch mein Vater konnte nicht aufhören, von seiner Besatzer-zeit hier zu erzählen, vor allem von den Frauen hier, an denen er sich nie sattliebte, auch nicht mit Gewalt. Ins-besondere von jener einen, die er eines Nachts, Riese gegen Riesin, über die Knie brach, stöhnte er dann noch

auf dem Totenbett, war überzeugt, ihr ein Kind gemacht zu haben, wenn nur je eins, mir Blindgänger, wie er mich nannte, einen königlichen Bruder. – Umso ungeheuerlicher dann mein erster Augenschein von der Legende, dem laut Großvater hundertsten Weltwunder: Etwas wie das da durfte es in meinen Augen nicht mehr geben – das Land vielleicht, auf keinen Fall aber die Leute. Nicht in meinen Augen, und noch weniger in meinen Ohren: Was hier gesprochen wurde, das war doch keine Sprache, auch kein Dialekt, und nicht einmal ein Urlaut – es waren im Gegenteil die letzten Laute, Ablaute, von absterbenden Menschen. Nichts selbstverständlicher, als daß unsere Väter damals im Krieg hier einmarschierten und die jeden Schönheitssinn empörende Enklave zurücküberführen mußten in ihr schon durch die Urkunde der Runenfelsen von Cuenca, zirka dreihundert vor, und dann noch einmal, nach der Völkerwanderung, etwa sechshundert nach, im Urbar von Abs bezeugtes ursprüngliches Vaterland. Man sagt, hier sei das letzte Stück Natur oder Natürlichkeit, und nennt die Hiesigen die letzten Menschennaturen. Ja, auch ich hatte einmal eine Natur: Doch der Schock derer hier hat sie mir auf der Stelle ausgetrieben – und das soll unser Ziel sein. Wie ich den letzten Rest meiner Natur losgeworden bin, so soll es sein mit allen! Schon damals habe ich bei dem ersten Enklavenjungen, der mir über den Weg lief, gewußt: Von dem möchte ich der Feind sein! Den werde ich bekämpfen, bis an sein Ende? Nein, ohne Ende. Ihn ausschalten. Aber nicht auf einmal, sondern nach und nach, Kampfschritt um Kampfschritt, von außen nach innen, bis es mit ihm aus ist – ausgeträumt, ausgespielt, ausgeblendet, und das ohne Ende. Die Leute hier, die weit und breit als die einzigen erscheinen, die noch so etwas wie einen Platz haben, von ihrem Platz verdrängen, und zuallererst ihn, dessen siebenjährige Abwesenheit seinen Platz hier noch verstärkt hat. Überall, wo ich inzwischen hintrete, hat dieser Mensch – jedesmal, wenn ich »Mensch!« sagte, gab mir mein Vater eine Maulschelle, für ihn war »Mensch!« ein unanständiges Wort – seinen Platz, ist der ganze Raum von ihm aufgeladen. Ja, wir werden ihn, dessen Name mir nicht über die Lippen will, nach seiner Heimkehr, Kampfschritt um Kampfschritt, aus dem Raum drängen, bis in die letzte Ecke und Enge, und zusammen mit ihm auch den Raum da, diese scheinbare letzte Natur, den Raum aufschlucken, ersticken, ausräuchern, diese gesamte überzählige und unterbelichtete Enklave. Und das ist meine Sendung, meine Berufung: Vorzuführen, daß es in Wirklichkeit schon längst keine Räume mehr gibt, nirgends, auch nicht hier. Raum: veraltet; das Wort »Raum«: veraltetes Wort, lächerlich, altfränkisch. Wort wie Sache endlich weg von Tisch und Fenster. Raum, Großraum, Raumordnung, Kleinraum: Schluß damit. Vorführen: Die Räume hier als Täuschung, Luftspiegelung, Fata Morgana. Als ausgereizt. Kein Sterbensräumchen für gleichwen mehr auf Erden, geschweige denn ein Lebensraum. Und so der Neuanfang, nur so, der Welt. Nur so die neue Welt, unabhängig, frei von den verbrauchten Räumen. Vorführen: Wie das Raumsehen und Ausschauhalten das ewige Erwarten und

Suchen hervorbringt, welches seit je die Welt zerstört. Weltneuschaffen durch Entzaubern des Raums. Wir, die Helden des Raumschluckens – die Raumsauger, die Aufsauger der gefälschten Zwischenräume. Devise: Nicht Raum, sondern Reiz – Reiz statt Raum! – Als erstes freilich – List! – werden wir alles tun, um bei der Rückkehr des Bewußten ihm seinen Scheinplatz noch zu untermauern, ihn aufzustocken und auszuspannen über die Grenzen. Umso wirksamer dann die Treibjagd aus dem größtmöglichen in die Stufe um Stufe sich verknappenden Kleinsträume: zuletzt noch aus dem Toten Winkel in den Nullraum, von dort in den Minusraum, von dort in die Wurzel aus dem Minusraum, von dort in den Chaosraum, und endlich aus dem Chaosraum, wie es ihm gebührt, heimzu in den Abraum. Ein Spektakel soll das geben, das bis in die hintersten Ränge aufstacheln wird zu Schadenfreude und Mitjagdbereitschaft – den einzigen Gemeinschaftsgefühlen der Jetztzeit. Vollständig entwürdigt hat er im Moment des endgültigen Dunkelwerdens zu sein, ohne auch nur den geringsten Anhauch einer Tragik. Deshalb dürfen auch keine Kinder dabeisein – die sind ja imstande, über etwas in Tränen auszubrechen, über das sonst einverständliche Lachsalven knallen. Zum Kehraus wird noch sein Herz schmutzig geworden sein, durch und durch, Kammer um Kammer ein einziger Schmutz. – Was hat er bloß, das ich nicht habe? Warum heißt er allgemein: »Der mit den anderen Sorgen«? Und was bedeutet »Der mit den anderen Sorgen« in der Sprache unseres Vaterlands auf den Begriff gebracht?

ALLE DREI
Ein Held!

HÄUPTLING
Richtig. Genau so steht es auch bei unserem vaterländischen Dichter: »Zum Helden wird immer nur der mit den anderen Sorgen«. Sag, warum hast du den da zum Helden gemacht, und mich zum Gegenspieler? Mein Psalm Eins und Einzig – mehr ist nicht. – Und ihr, Werteste, geht nun in Reizstellung! Und merkt euch: Ihr braucht dazu nicht eigens zu handeln, euch querzustellen, feuerzuspucken – einfach massiv da sein; wir sind die Massiven, und das ist für uns kein Schimpfwort. Und merkt euch: Ihr könnt euch alles erlauben, wenn es nur seine Form hat, seine Statur, unser schönes siegreiches Selbstbewußtsein. Aus der Form geraten und so ins Unrecht, das soll er. Auf zu den strategischen Punkten. Nur noch Punkte soll es geben, ohne die Kindereien mit Raum und Zwischenraum!

Ein Windstoß geht über die Bühne, in dem sich an den vieren weder ein Stück Stoff noch ein Haar krümmt. Der Anführer ab.

RAUMVERDRÄNGER DREI
beiseite. Die ganze Zeit habe ich ihn angeschaut, und jetzt ist keine Spur eines Nachbilds von ihm übrig. Oder tausend Nachbilder, die sich überschneiden. Das nennt man Raumzerstückeln?

RAUMVERDRÄNGER EINS
Ich gehe hinaus auf die Überlandstraße und beziehe Posten im ehemaligen Rübenkeller.

RAUMVERDRÄNGER ZWEI
Und ich suche Deckung im Graben unter den Sumpfblättern.

Beide peitschenknallend und einander den Weg versperrend ab.

RAUMVERDRÄNGER DREI
Und ich verkrieche mich mit dem Funkgerät unter einen Steinhaufen und setze eine rote Fahne obendrauf? Oder ziehe ich Frauenkleider an und neutralisiere den Leuchtturmwächter? Oder verlege ich die südliche Wasserscheide? – Warum können wir eigentlich keine Ruhe geben? Schon seit dem Abzug der Römer einerseits, und dem Abzug der Araber andrerseits, geht das so. Dabei ist unsre Überlegenheit bei allen Völkern längst anerkannt. Die Welt, auf diese oder eine andre Weise, gehört uns. Längst sind unsere Gelder überall, unsere Fachleute, unsere Zweigfirmen, unser Gewußtwie, unser Gewußtwo, unsere Programme, unsere Abkürzungen, unsere Geheimnummern, unsere Zweit- und Zehntwohnungen. Und warum können wir trotzdem keine Ruhe geben? Wir sind das größte Land, haben die besten Gesetze, die kultivierteste Landschaft, die attraktivsten Frauen, die anerkanntesten Herztransplanteure, die dickdicksten Zeitungen, die meistmei-

sten Nobelpreisträger, Olympiasieger und Wettbewerbssiegerarchitekten, die vollständigsten Märchensammlungen, die märchenhaftesten Dichter, die fürstlichsten Maler, die rührigsten Köche, die deutlichsten Jahreszeiten, die saftigsten Äpfel, die stolzeste Vergangenheit und die gewisseste Zukunft – und warum können wir trotzalledem keine Ruhe geben? Mir hat letzte Nacht – da ich im Moment allein bin, kann ich, obwohl Angehöriger der sogenannten Nation der Traumräuber, das ja zugeben – von einem König geträumt, oder von dem Fehlen eines Königs. Mit einem König würde, laut Traum, endlich eine Ruhe einziehen, Ruhe als die Lebenslust, Ruhe als die Idee. Warum können wir keine Ruhe geben? *Er ohrfeigt sich.* Denk! – Ich denke: Wie, wenn der Feldzug unseres werten Anführers genau umgekehrt verliefe, als eben von ihm dargelegt? Mit einem noch ganz anderen Schauwert? – Ich wittere die Intrige. – Aber wer soll sie einfädeln? – Wie heißt es in der Schrift?: Der Gerechte und die Bestie haben den gleichen Atem. *Er ohrfeigt sich.* Hör auf zu denken. Auf zur alten Mühle. Oder zur weggeschwemmten Furt? Oder zum lokalen Fernsehen? *Er stolpert, peitschenschlagend und sich selber treffend, ab.*

Dunkel.

8

Die Enklave liegt wie von Anfang an unter dem immerfreien Himmel. Die ZWEI SCHWESTERN, *das* VOLK, *der* IDIOT *kommen daher, in Landarbeitergewändern, mit Körben voll Immergrün, Tannenreiser, Vorfrühlingsblumen, kleinen, umso stärkerfarbenen. Damit schmücken sie das im Leeren stehende Portal, unter dem Singen eines recht komplizierten Enklavenvolkslieds – das vom Wind handelt –, wobei sie sehr bald ins Stocken kommen.*

VOLK
Kommt er?

IDIOT
läuft zur Grenze, als Späher. In der ganzen Steppe wehen schon die Staubfahnen. Nein, das sind leere Plastiksäcke. Und etwas wie Lorbeerkränze rollen ihm voraus. Nein, es sind vom Wind losgerissene Dornenstauden. *Er rennt zum Portal zurück.*

VOLK
In den vierzehn Jahren ohne ihn bin ich ein mündiges Volk geworden. Und es ist seine Abwesenheit, die mich dazu gemacht hat. Als er noch da war, fühlte ich mich zwar ständig zu Höherem angestachelt – wie es mir ja auch entspricht –, und zugleich hat mich seine Gegen-

wart gehindert, dem zu folgen. Daß er jeden Tag nach meiner Weiterentwicklung Ausschau hielt, hat mich geärgert. Erst als er endlich wegging, konnte ich seiner Erwartung entsprechen. Er wird jetzt von seinem Volk überrascht sein. Je weiter er mir aus den Augen kam, desto mehr bin ich hier aufgeblüht. Die Vorbildperson in der Ferne: Meine Blütezeit. Und so bin ich meinerseits zum Vorbild für die anderen Völker im Kreis geworden. Wo hat auf meinen Vorschlag hin im letzten Sommer die erste Weltkonferenz zum Ewigen Frieden getagt? Hier, bei uns! Und wo werden neuerdings die meisten Filme, Abenteuer-, Liebes-, Mittelalter-, Zukunftsgeschichten, gedreht? Hier, an dem einzigen Ort, wo ziemlich nichts ist, wo es noch leer ist. Und wer ist der Held der allerausländischsten Kinderbücher? Ich, das Enklavenvolk! Und jetzt kehrt er zurück, der mit den tausend Siegespalmen, der Durchschwimmer der Beringsee, der Retter von Böhmen, der Triumphator von Minneapolis, der Feuerlöscher der Bohrinsel, der Kalligraph der Kaiserin, der Einsiedler vom Rio de la Plata, der Verschollene der Sierra Madre, der Entdecker des Schneemenschen. Wird er mein Volksbewußtsein steigern oder ihm den Wind nehmen? Werden wir mit ihm vollzählig, oder wird er neben uns der Überzählige sein? Er kommt doch wohl? Oder kommt er doch wohl nicht?

IDIOT
läuft wiederum zur Grenze und späht. Niemand geht über die Römerbrücke. Und niemand wartet am Schranken. Und niemand tätschelt jetzt den Wolfs-

hund! Und niemand springt jetzt über die Feldmauer und verliert den Hut dabei. Und niemand ist jetzt verschwunden im Grenzwald! *Er rennt mit den anderen weg – das Portal ist geschmückt.*

VOLK
im Wegrennen. Erzählerin, schöne, junge: Wo bist du? Wir brauchen dich wieder.

FELIPE *läuft herein und legt einen kürbisgroßen Apfel oben auf das Portal, als den Schlußstein. Schnell ab. Wehen geht durch das Gehänge.*

PABLO
betritt die Enklave, im langen Staubmantel, mit freien leeren Händen; bleibt vorn an der Grenze stehen. Ach, Raum! In meinem Gedächtnis war es hier immer Vorfrühling: Das Glänzen der Knospen noch ohne ein Blatt, das Aufblitzen der Vogelflügel aus den Schatten, das herzöffnende Grünen im Moos, während sonst in den Wäldern Grau neben Grau steht, und auch das Rauschen und Sausen gleich nebenan zugleich von ganz weit. Vorfrühlingsewigkeit hier. Für mich nur hier? Ist dieses Wehen und Sausen nicht zeitweise überall zu hören? War das nicht damals in einer Felswüste, daß der Prophet, oder wer saß da vor seiner Höhle?, aus jenem allerfeinsten Sausen die Stimme des Engels heraushörte, und steht es denn geschrieben, daß es damals im Vorfrühling war? Nur sprach ja dort der Gott oder wer im Wind zu dem Propheten oder wem ganz und gar keine

Feinheiten oder Sanftmütigkeiten aus, sondern übermittelte ihm Drohungen, gegen das sogenannt auserwählte Volk, Verwünschungen, Flüche, Vernichtungsformeln noch und noch. Und was hört unsereiner jetzt aus dem hiesigen Vorfrühlingssausen? Komm, Engel, ein anderer! *Er horcht.* Nie mehr weggehen. Dableiben bis zum fernen Tod. Arbeiten. Forschen. Ja, frei nach Ben Sirach: Altere in deiner Arbeit. Nie mehr der Sieger sein, sondern der Fürsorgliche – der Schöpferische für heutzutage. Besser ein Geduldiger als ein Held. Für mich und meine Leute hier Gesetze schaffen, wie es sie noch nie gegeben hat, wie sie ohne Zwang sofort einleuchten, und wie sie auch für überall und alle gelten können – auch für mich selber! Nicht findig – fündig werden! Die Enklavenweltverlassenheit darf nicht mehr unser Stammplatz sein. Warum nicht an die Macht kommen? Lust haben auf die Macht, entsprechend der Lust, die der Vorfrühling macht. Eine ganz neuartige, in der Geschichte bisher unbekannte, und dann selbstverständlichste Macht ausüben – etwas wie ein Freundschaftsspiel, welches zugleich doch zählt. Die Macht lieben auf eine Weise, wie in der Geschichte noch keiner je seine Macht geliebt hat, so daß dieses Wort weltweit eine andere Bedeutung bekäme und in einer Reihe stünde mit Straßenbahn, Bachbett, Vorstadt, Neuschnee, oder auch Speck, Tischtuch, Limerick, Domino, oder eben dem Vorfrühling. Es muß eine andere Gesellschaft her, nicht die entweder beschwert-hitzige oder erleichtert-schlaffe von jetzt – andere Bauten, andere Formen, andere Bewegungen. Wer glaubt denn, heute in der richtigen Zeit zu sein – überhaupt in der Zeit zu sein –, außer manche Sportler und Sprinter? Diese Frage habe ich von all meinen Jahren dort und dort in der Welt… *Er horcht.* Aus. Ich höre gar nichts mehr im Wehen. Und ewig ist wieder einmal nur mein Weltverdruß. Ist der mein einziges Gesetz? *Er horcht.* Ah, jetzt die Stimmen meiner Ahnherrn und Vorfahren. Sprecht. *Er horcht.* »Pablo Vega, du hast hier nichts zu suchen. Ab zurück über die Grenze. Pack deine Wanderpokale woanders aus. Wo ist der Apfelbaum, den du gepflanzt hast? Der Tisch, den du gezimmert hast? Wo ist dein Sohn? Deine Medaillen, Goldenen Muscheln und Silbernen Farnwedel steck dir in den Hintern, samt dem diesjährigen ›Faust‹-Preis der Fernostwestlichen Akademie für eine neue Technik beim Sümpfeaustrocknen.« – Ihr habt recht: Als ich damals dort drüben im großmächtigen Ausland meine ersten achthundert Meter gewann, habe ich mir mitten in der Ehrenrunde eine heimische Brennessel in meine Siegerhand gewünscht. Und als ich in Galizien den durchgegangenen tollwütigen Gaul einfing, auf dem Schulhof, während der Pause, habe ich, tausendfach dann dafür umarmt, beim Weggehen mir büschelweis die Haare ausgerissen aus Ekel vor mir selbst. Und am Tag meiner Entdeckung der eigentlichen Quelle des Rio Real, der seit Jahrhunderten von Alexander von Humboldt bis Reinhold Messner vergeblich gesuchten, hat es gleich danach schon genügt, daß mir das Schuhband riß, und ich schrie durch das gesamte Hochland von Manzanares, bis weit über Ciudad Real hinaus, aus Wut, oder aus Haß, oder eben aus Lebensüberdruß. Das ist nicht gerecht. – Dabei bin ich kein Selbsthasser, betrachte mich als meinen Freund, bin wie ein Vater zu mir – nein, nicht wie ein Vater, jedenfalls nicht mein eigener. Und ich sehnte mich auch wirklich seit jeher, etwas Großes zu unternehmen, zu tun, zu schaffen, anzugehen, und will das auch weiterhin, tagtäglich, fortwährend; Tische zu tischlern, Obst zu veredeln, Schinken zu räuchern, die Osternacht zu feiern? Meinetwegen – nur entspricht mir etwas anderes. Und ich w o l l t e den Ruhm – »Merk dir: Der Gedanke an Ruhm ist keine Sünde!« sagte jemand in einem Film –; es wurde mir doch auch warm ums Herz bei gewissen Erfolgen; und sooft ich triumphierte, wünschte ich als erstes, mit jemandem zu teilen. Jemandem? Möglichst vielen. Und erst wenn niemand zum Teilen da war, kam der Ekel. – Und trotzdem war bis jetzt noch keiner, den ich, von wieder so einem Triumphwagen abgesprungen und im Kreis um wieder so eine Arena getragen, eine Stunde danach mir nicht vom Halse gewünscht hätte, eingeschlossen mich selber. Je größer solche Tage, desto mörderischer dann jeweils die Entzauberung. Kein Erfolgs- oder Siegestag bisher in meinem Leben ohne Schuld und Tod. – Kann es sein, daß das bisher alles die falschen Großtaten waren, und daß das richtige Große, bei dem auf die Freude nicht spätestens vor dem Einschlafen Elend und Schuldgefühl folgen, mir erst bevorsteht? Mein Traum geht nicht nach einer Unsterblichkeit frei nach dem König Gilgamesch, oder dem Pharao Tutenchamun, oder Salvatore Giuliano, oder Che Guevara, sondern nach einem Tag ohne Tod. – Und jetzt soll also meine Heimkehr gefeiert werden? Diese Idioten. Nur von allen vergessen, sah ich doch bis jetzt eine Menschheit und ein Gesetz. O unser aller am Platz Sein, als ich unter den Heerscharen der hinterste im Bild war, undeutlich, nicht zu erkennen. Ein bißchen schlafen!

Er geht über die Szene zum geschmückten Portal, wobei nun ein Blatt hinter ihm herweht, dem wiederum ein hüpfender Vogel folgt – diesem ein großer stummer Hund – diesem ein noch größeres, noch stummeres Fabeltier – und diesem dann DIE SCHÖNE JUNGE ERZÄHLERIN. *Ohne all das zu bemerken, hat* PABLO *sich am Portal niedergelassen und weitergeredet, bei geschlossenen Augen, während die Tiere an der anderen Begrenzung abgehen, wie am Schnürchen. Die* ERZÄHLERIN *lehnt sich an den zweiten Portalpfosten; sie ist in dem Festkleid einer Landarbeiterin oder* labradora.

PABLO
Die Leute hier in der Enklave: Wie hatte ich aus der Ferne oft Sehnsucht nach ihnen, nach jedem einzelnen und allen zusammen: nach ihrer Innigkeit und zugleich Kernigkeit; nach ihrer Himmelsbezogenheit und zugleich Bodenständigkeit. Aber je näher ich sie jetzt spüre, desto mehr verblassen sie. Ah, meine Mutter: Wie wird sie gleich wie eh mit ihrer lauten Stimme mich vor den anderen niedermachen, und mir dabei schon von weitem insgeheim entgegengeschaut haben, wie ihrem alleinigen Retter. Ah, ihre Schwester: Wie wird sie

gleich immer noch das junge Mädchen mit der größten Liebesgeschichte aller Zeiten darstellen, auf gleicher Märchenhöhe wie das Dornröschen und der aus »Vom Winde verweht«, während sie doch schon vor vierzehn Jahren nur noch ein paar Stummelzähne im Mund hatte und am Kinn die sich kräuselnden Haare. Ah, mein lieber Vetter Felipe: Wie wird er mir gleich entgegenwinken, nicht bloß mit seiner hiesigen Chronik, samt Mineralöl-, Schwefelquellen- und Pilzfunden, samt Tontaubenschießweltmeisterschaft und gestrandetem Wal – alles in unleserlicher Schrift –, sondern auch mit seinen vierzehn Poesiebänden im Eigenverlag, während er in Wahrheit doch noch genauso wie als Vierjähriger hinter seiner Mutter herhinken wird, damals im Kuhstall, gleichsam immer noch mit jenem Schemel in der Hand, auf denjenigen welchen er sich dann, wenn sein Mütterchen eins nach dem andern das Vieh striegelte, gestellt hat, um so im Stand ihre Brust zu suchen und nach der Milch zu saugen. Und, ah, das Enklavenvolk gleich wieder, mit seinem unheilbar einwärts gekehrten Blick, seinen geknickten Knien – und das nicht bloß von der hiesigen Gebirgigkeit –, und seiner Opferlammhaltung, zäh und doch auf ewig verzagt. Und, ah, der Enklavenidiot, der mich gleich wieder anstaunen wird, freilich mit seinem blöden falschen Staunen, keinem Wahrstaunen, einem, das noch keinmal etwas bewirkt und erneuert hat. Eine andere Gesellschaft? Eine andere Lösung. – Komm, Kürzestschlaf: Du hast noch immer verläßlicher als mein Turmspringen, Ins-Mikroskop-Schauen, Computer-Programmieren beigetragen, die

Weltfarben wiederaufzufrischen. Die Weltfarben? Die Spielfarben. Vor dem Schlaf: das böse Ende. Beim Erwachen: Klar zum Weiterwürfeln.

Innehalten. Windwehen über die Szenerie. Grillen? Entfernte, sich allmählich nähernde Harmonika und Klarinette?

ERZÄHLERIN
zu dem Schlafenden. Besinn dich. Entsinn dich. Laß dir erzählen. Wie du dich damals im Stacheldraht verfingst, wie der Idiot über die Felder gelaufen kam und dich da herauslöste, und wie du dann deine Mutter gefragt hast: Mutter, warum hat der Idiot denn so weiche Hände? – Wie das Volk, mag sein auch mit seinem angeborenen Sterbensblick, als sei jeder Tag sein letzter auf Erden, vor dir sich dann eines solchen Tages unerschütterlich überzeugt zeigte vom Nicht-Unsinn des Lebens, von der Auserwähltheit gerade dieses Planeten hier in dem Universum und von seiner, des Volks, höchstpersönlichen Unsterblichkeit. – Wie deine Mutter, als sie einmal nicht laut wurde, so ganz anders still war als je einer der sogenannten Stillen im Lande – und wie sie dich damals, noch vor deiner Schulzeit und Vorschulzeit, den ganzen Tag allein im tiefsten Brombeerdickicht des Enklavenwalds ließ zum Früchtesammeln und erst tief in der Dämmerung dort abholen kam, ganz unbekümmert um dich kaum erst Gehfähigen, und wie du dich all die Stunden, oder waren es Tage?, so geschützt gesehen hattest von jener Sorglosigkeit, wenn allein, so nicht mut-

68

terseelenallein. – Und wie später …, und wie ihr an
jenem Sonntagvormittag alle zusammen auf der Bank
zwischen den Wiesen saßet. – Und wie… – Laß dir erzählen. Du bist ein Kind des Volkes, immer noch. Der
Weg zum Volk ist nicht ein Weg zurück, sondern voraus.
Und der Idiot, das bist du. *Sie weckt ihn mit einem Fußtritt. Ihr Haarwehen, wie furchterregend, in der Waagerechten.*

PABLO
Ich kenne dich.

ERZÄHLERIN
Ja.

PABLO
Du warst die junge Witwe von Valparaiso, die gerade
die Hafenbar dort übernommen hatte. Und die
Schmugglerin vom Melilla, die mich bei Nacht über die
Grenze nach Marokko brachte. Und das Mädchen im
Hafen von Marseille, im ersten Fenster links des zweiten
Stockwerks des fünften Hauses vor der Embarcadère –
das warst du. Das ist jetzt gerecht!

*Inzwischen haben die Enklavenangehörigen vollzählig
die Szene betreten, in bescheidenem Staat,* VOLK *und*
IDIOT *Klarinette und Ziehharmonika spielend,* FELIPE
*als Träger und Schwenker der webfrischen Enklaven-
flagge, deren Tuch und Farben dem freien Himmel
darüber entsprechend, durchscheinend, fast durchsich-*

tig. Nun das Anstimmen der Enklavenhymne, erst ein-
zeln, dann gemeinsam.

FELIPE

Damals wehte der Wind am Tag,
Und ich wollte, es wäre Nacht.

DIE ERSTE SCHWESTER

Damals wehte der Wind in der Fremde,
Und er zog mich nach Hause.

DIE ZWEITE SCHWESTER

Damals blies der Wind zu Hause im
    kalten Herd,
Und er wollte, er wehte im
    Frühlingswald.

VOLK

Damals war der Wind ein Fallwind,
Und ich lag darnieder im Krieg.

IDIOT

Damals dann der Wind war ein
    Aufwind,
Und es war noch lange nicht Frieden.

DIE FÜNF

Der Wind wehte in der Nacht,
Und ich wollte, es wäre Tag.
Der Wind wehte um mein Haus,

Und es zog mich in die Fremde.
Der Wind stieß mich in den Rücken,
Und ich wollte, er wehte in mein
    Gesicht.
Der Wind blies mir ins Gesicht,
Und ich wollte, er wehte sanfter.
Der Wind blies sanft, so sanft,
Doch mein Gesicht war schon zu alt,
    zu stumpf, zu taub.
Und dann träumte ich vom Wind der
    Kindheit,
Aber von dorther wehte, pfiff,
    zischte und schrillte
Der Wind der Geschichte
Und der Wind des Kriegs.

FELIPE
    Zeit für eine andere Enklavenwindhymne!:
    Als ich heute über die Grenzbrücke
        ging,
    Kam von dem Bach herauf der Wind
        eines Flusses.
    Und vor dem ersten Haus dann
    Packte mich der Wind der
        Leichtfüßigkeit –

PABLO
    fällt mit ein.
    Und als ich dann einbog,
    Wehte hier heute der
        Hauptstraßenwind,

Wehte der Wind des Machens,
Hier, hier und hier.

Und inzwischen ist auch die RAUMVERDRÄNGERROTTE
*dazugetreten, in ihrer steifen, fast blechernen Aufma-
chung, sonst aber das Gegenstück ihres üblichen Nah-
kämpfergehabes: hält übertriebenen Abstand; mimt
Ehrerbietung vor dem Platz und seinen Bewohnern;
weicht aus, wo es gar nichts zum Ausweichen gibt; weist
den einen oder andern aus ihren Reihen, wenn er zapp-
lig wird, in die Schranken – stoppt einander vor allem
das für die Bande typische unausgesetzte Einbeinvi-
brato, d. i. das Gewackel und Gezitter eines Beins im
Stehen wie im Sitzen; hält sich schließlich auf dem kleinsten Raum im äußersten Hintergrund, wie an einem
Abgrund, die so behutsamen wie behenden Bewegungen von Dachdeckern demonstrierend.*

DIE ERSTE SCHWESTER
PABLO *umarmend.* Sogar singen kannst du inzwischen,
Sohn. Jetzt gibt es nichts mehr, was du nicht kannst!

DIE ZWEITE SCHWESTER
Willkommen zu Hause, Vorfrühlingsmann! Die Vorfrühlingsblumen da am Portal habe alle ich gesammelt,
draußen im Wald. *In den Kreis:* Im übrigen, wie von mir
prophezeit: Pablo Vega und Rosalia Linares, oder Al-
mudena Sommer, oder wie sie auch heißt, schaut her,
sind ein Paar.

Kleiner allgemeiner Jubel, sozusagen auch der RAUM-
VERDRÄNGER *hinten.*

PABLO
schaut zu der ERZÄHLERIN, *blickt weg.*

ERZÄHLERIN
schaut zu ihm, blickt weg.

PABLO
blickt zurück zu ihr.

ERZÄHLERIN
blickt zurück zu ihm.

BEIDE *werden, im Abstand, zum Paar; Innehalten.*

FELIPE
hebt seinen Vetter, mit Mühe, vom Boden. Dann: Das
Gleiche erwarte ich ab heute hier von dir, und höher
und besser, und jeden Tag.

VOLK
PABLO *die Hand schüttelnd.* Du gar Seltener. *Beiseite:*
Bleib so selten. – Was für ein Festtag. *Beiseite:* Wäre nur
wieder Werktag. – Du bist ein Höherer. *Beiseite:* Wozu
brauche ich einen Höheren? – Wenn du kommst, wird
alles verwandelt. *Beiseite:* Am schönsten ist es, wenn
alles so bleibt, wie es ist. *Er klopft vor* PABLO *die Spucke
aus der Klarinette.*

73

IDIOT

PABLO *an den Haaren ziehend, am Mantel zupfend, ihm die Flagge zwischen den Beinen durchziehend … ihn dann fixierend und sozusagen wahrsagend:* Du wirst die Girlanden für dich in den Graben schmeißen. Du wirst dir an deinem Ehrenportal den Schädel einrennen. Du wirst die Gesichter, wie sie zu dir aufschauen, jedes einzeln von dir wegdrehen. Du wirst kehrtmachen und nie mehr zurückkehren.

PABLO *durchschreitet im Gegenteil, auf einen Anstoß der* ERZÄHLERIN, *das Portal, noch einmal, und noch einmal; spannt darin die Arme auseinander; streicht über die Girlanden; beißt in den kürbisgroßen Apfel; nimmt dem* IDIOTEN *die Flagge ab und pflanzt sie in die Oberschwelle. Ein Windstoß über die Szene.*

ERZÄHLERIN

stampft oder klatscht ihm gleichsam einen Takt vor, und sämtliche andern, auch die RAUMVERDRÄNGER, *schließen sich an.*

PABLO

Ab heute ist das keine Enklave mehr, sondern ein eigenständiges Land. Alle übrigen Länder der Erde haben uns anerkannt, als selbständigen Bereich, als unabhängigen Staat, als eine neue Nation unter den inzwischen tausendundsieben Nationen der Welt. Wir werden das nutzen. In hundert Jahren, selbst sollte die Erde dann nur noch rabenschwarzes Getöse sein, soll durch unsre Periode hier jetzt doch überliefert werden können, was Sonne, Farben, Bilder, Tanz, Töne, Stimmen, Stille, Raum sind. Von heute an werdet ihr, gerade ihr, die seit jeher so Raumunsicheren, die ehemaligen Enklavler mit den nach innen verdrehten Augen, das ausstrahlen, als das Weltkindvolk in der Mitte der anderen Völker, die inzwischen allesamt zu Sekten zerfallen sind, je größer die Völker, desto sektiererischer. Ich werde nicht mehr von hier weggehen. Und ich werde unserem Land eine Verfassung schaffen. Das hier geltende Recht wird, Gesetz für Gesetz, ein neues sein. Ohne solch ein neues Gesetz sind Sonne, Farben, Bilder, Tanz, Töne, Stimmen, Stille bei dem Stand der Geschichte jetzt nur noch zufällig, ohne Spielraum und Grundlage. Ein Gesetz, welches das Leben nicht einschränkt, sondern löst, oder es einschränkend es löst. Und wenn ich Leben oder Welt sage, meine ich etwas anderes als die Summe der heutigen Menschen! Ein Gesetz, das einem jeden den ihm eigenen Raum entdeckt, offenbart, läßt. Durch es werdet ihr, statt sporadisch »Wunderbar!« einfach und beständig sagen können: »Recht so. Recht.« Wenn mir dieses neue Recht hier glückt: Leute, das wird einmal ein Triumph sein, der mich, anders als meine vorigen, ganz und gar nicht in meine ewige Schwermut stößt. Lebenslang wird dann hier ein einziger heller Gedanke gedacht werden, und nicht allein von mir. Und da seht ihr schon den Schimmer davon: Da und da, rundherum jetzt im Vorfrühling. Schaut.

Während seiner Ansprache hat hinter der Szene ein Ru-
moren eingesetzt, das am Ende nun übergeht in Krach,
Getöse, Tumult. Und der bewußte LETZTE KÖNIG *tritt*
auf, glanzlos im Wortsinn, bei jedem Schritt noch vom
Glanz verlierend, gestützt von einer jungen Frau, der
FLÜCHTLINGIN, *die sich zugleich abschleppt an ihrem*
Sack und Pack. Sie bewegen sich im Zickzack auf das
Portal zu, der König dabei so pompös wie kläglich seine
»letzten Gesten« zelebrierend. Und dann klammert er
sich an das Portal wie an eine Asylstätte, ein Huhn? un-
term Arm. Dann ein Schußknall, und er bricht zusam-
men, und das Huhn? rennt weg. Die FLÜCHTLINGIN
sucht Schutz bei dem Schwächsten, FELIPE. *Und schon*
ist die RAUMVERDRÄNGERROTTE *vorgestoßen und hat*
den Königsleichnam, samt Szepter und Krone, im
Handumdrehn weggeschafft. Und schon ist der HÄUPT-
LING *wieder zurück und spreizt sich ins Portal.*

HÄUPTLING
Mit dem Kadaver ist von der Erde soeben der letzte
König verschwunden. Und mit dem König auch die
Idee, oder der löchrige Fetzen davon, der durch die heu-
tige Welt schlotterte, namens »Königtum«. Nur noch
die vier Spielkartenkönige sind übrig. Etwas wie ein
Königreich, mit Land und Leuten, hat der letzte König
ohnedies schon längst nicht mehr besessen. Er ist nur
noch an den Welträndern umhergegeistert, von einer
Grenze abgeschoben zur nächsten, der ewige König im
Sinn des ewigen Juden, gestern ein Filmkomparse,
heute ein Hühnerdieb. Und kamen zu seinen Vorgän-

gern aus allen Ländern die Schorfkranken, um sich die Königshand auflegen zu lassen, so irrte er, selber nur noch Schorf und Furunkel, durch die Länder seinerseits nach einem Handaufleger. Und erwischt hat es ihn jetzt ausgerechnet bei euch, an dem Ort, der einmal den Beinamen »Asyl der Könige« hatte. Aber selbst für seinen Leichnam ist das hier nicht mehr der Ort. Die Stelle des Kadavers des letzten Königs der Erde wird unbezeichnet bleiben auf gleichwelchen Landkarten, gelöscht selbst aus der Kartographie der Träume, dieser Brutstätte der endlosen kindischen Wiederkehr und all der Schein-Wiederauferstehungen. »Das Königliche«, das war zwar einmal die Bezeichnung für das besonders Wirkliche: Der »Königsweg« war der Wirklichkeitsweg, die »königliche Mannschaft« spielte in der Regel das stärkste Spiel. Aber ab heute ist das Königtum tot, so tot, daß es nicht einmal mehr zum Gespenst werden kann. Was denkt ihr bei »König«? Vogelscheuche. Joker und As gehen drüber. Frißt Menschenfleisch. Hat Schuhgröße sechsundvierzig. Tritt seinen Tanzpartnerinnen auf die Füße. Bluter. Frührentner. Schachmatt. Ist es nicht so? Das Königsspiel ist ausgespielt, oder? Es lebe euer neues Spiel, euer ganz neues. Es lebe euer neues Gesetz, auf das auch wir dort jenseits der Grenze dringend warten. Bei den alten Athenern, als dort der neue Gesetzgeber auftrat, war es aus mit den Königen. Es lebe die neue Antike. *Er hängt die Krone, bis dahin in seinem Rücken, an das Portal, nachlässig wie einen Blechtopf, und läuft ab.*

VOLK
»Königreich«, »El Camino Real«, »Mancha Real«, »Real Sociedad«, »Die Königliche Gesellschaft«, »Der König und ich«, »El Pueblo Real«, »Das Königliche Volk«, »Das Königliche Zuchthaus«, »Die Königlichen Barfüßerinnen«: Eigentlich schöne Wörter, Wörter mit Klang.

IDIOT
Morgen wird der König in meiner Hütte zu Abend essen. Er wird mir das Foto seiner Königin und seiner Königskinder zeigen. Dann werden wir das Königliche Fernsehen einschalten. Und übermorgen werde ich auf die Königliche Post warten.

ERZÄHLERIN
zu FELIPE: Chronist, Archivar: Hast du mitgeschrieben?

FELIPE
liest vor, und die FLÜCHTLINGIN *liest dann mit ihm mit.* Im Hafenbecken von Buenos Aires schwimmt ein Bleistift. Im Bus von Nashville nach New Orleans schlägt jemand die Sportzeitung um. In Bergen ist es schon Nacht. In Nowaja Zemlja und in Tibet schneit es. Auf dem Mond rollt ein Steinbrocken in einen Krater. Auf den Aleuten speien acht Vulkane Feuer. Auf dem Rasen im leeren Olympiastadion liegen drei Bälle. *Zur* FLÜCHTLINGIN: Jeder Flüchtling bekommt hier Asyl. Willst du bleiben?

FLÜCHTLINGIN
Ja.

FELIPE
Bei mir?

FLÜCHTLINGIN
Ja.

FELIPE
Aber ich bin vollkommen erfolglos. Ich habe nicht einmal den Schulabschluß. Mein Haus – das Haus meiner Mutter – ist verpfändet an die Auswärtige Raumnutzungsbank, und sämtliche Bäume des Gartens sind an den Wurzeln zerfressen von Wühlmäusen. Ich habe bisher noch jedes Spiel, jede Wette, jedes Preisdichten verloren. Meine Landeschronik der letzten vierzehn Jahre besteht nur aus Tintenflecken. Selbst die häßlichste Frau ist mir aus dem Weg gegangen – wenn es sein mußte, in einen Rübenacker, durch zwei Sümpfe und drei Minenfelder. Ich bin der gegenwärtig weltgrößte Versager und Taugenichts.

FLÜCHTLINGIN
Recht so. Umso besser. *Beiderseitige Umarmung, wie dann auch* PABLOS *und der* ERZÄHLERIN.

PABLO
Unser Ausgangspunkt und unsere Grundlage: Sehnsucht und Gerechtigkeit. Unser Ziel für das ganze Land:

Traum und Arbeit; Arbeit und Traum. Sueño y trabajo. Trabajo y sueño. Unsere Dauer: Das Maß! Und unser neues Gesetz: ein freudiges. Und das, worüber es schweigt, wird seine Eleganz ausmachen.

Alle rasch ab.

Dunkel.

9

Während die Szene, unter dem immerfreien hellen Himmel, ausgebaut wird, kommt die ERZÄHLERIN *herein. Das Ausbauen besteht vor allem aus einem Abtragen des Bodens, etwas wie dem Freilegen einer tieferen Schicht, wobei hier wieder der Teil eines Rads auftaucht, eines weit größeren und prächtigeren als am Anfang, dort wieder der Teil eines Boots, das fahrtbereit steht. Das Portal bekommt in der Bühnentiefe ein Pendant, ungleich herrscherlicher, statt der Girlanden Vergoldungen, und ein Torgitter, hinter welchem sichtlich ein besonderer neuer Bezirk beginnt, zu welchem die Szene vorn bloß der Vorplatz ist. Die* ERZÄHLERIN *war bei diesem Ausbauen die Platzanweiserin.*

ERZÄHLERIN
Es ist Zeit vergangen, und die Enklave, ohne ihre Grenzen zu erweitern, ist ein weites Land geworden. Der Untergrund hat sich mit jedem Tag mehr gehoben und ist zuletzt in eine andere Sphäre gerückt, wie ein Stück Grund vom Meeresboden, von dort heraufgetaucht von dem Rücken eines Wals. Das ist das Werk desjenigen, der mein Mann ist. Unser Land ist nun in der Tat die einzige freie und halbwegs leere Stelle auf Erden, und die Leute kommen von weither, um sich davon aufhelfen zu lassen von ihren Schädelverstopfungen. Noch von jedem Besucher, auch wenn er bei seiner Ankunft

sagte: »So klein!«, kam dann beim Abschiedsblick über die Schulter: »Wie groß! Die ganze Welt!« Besucher? Maßnehmer. Augenmaßnehmer. Morgenluftschöpfer. Die Enklave ist ein Reich geworden. Ja, ein Reich. Denn ich sehe es so, ich erzähle es so. Heute früh war unter den Myriaden der Tautropfen im Gras ein einzelner bronzefarbener. Und ein Holztisch war grau. Und eine Säge war rostig. Und eine Antilope spielte dann mit einem Hasen, neben dem eine Möwe stand, während Buddha starb, die Fische schrieen, die Erde gebebt hat und der Rabe eine Walnuß im Gelbschnabel trug. In einem Reich sein, heißt, die täglichen Erscheinungen geschliffen sehen zu Kristallen. *Zu sich selber:* Definier nicht. Erzähl. Auch dank deinem Erzählen ist das hier im Augenblick solch ein weites Land und zählt hier im Augenblick eine andere Geschichte. – Wenn freilich nur die Leute danach wären. Noch nie, so weitherum ich auch als Wandererzählerin auf der Erde unterwegs war, ist mir ein Volk derart ohne Zuversicht untergekommen – und Zuversicht ist etwas anderes als die blöde blinde Hoffnung –, ein Volk, das sich wie seit altersher nach nichts so sehnt wie nach dem Zugrundegehen, um so endlich eins zu werden mit all seinen gescheiterten, krepierten und abgekratzten Vorfahren. Nur auf Erzählungen von denen hört es, und insbesondere deren Unfällen, Krankheiten, Wahnsinnsschüben, Hungersnöten, und ein Glanz tritt in die Augen dieses Jammervolks erst bei der Schilderung der letzten Tage, der letzten Nacht, des Todeskampfs und der Todesschreie der verehrten kümmerlichen Ahnen. Es ist schon wahr: Nicht mein

Erzählen – einzig Gesetze können das ändern, Strafge-
setze, welche solche Verliebtheit in die Volksleidensge-
schichten vom Amsel- bis zum Krähenfeld unter Strafe
stellen! Alles ist im Augenblick da zum größeren Leben
– nur das Gesetz fehlt noch. – Bloß ist der vorgesehene
örtliche Gesetzgeber ein würdiger Sohn seines Volks.
Was für ein Mann hat mich da heimgeführt. Heimgeführt? Endlich ist er angelangt jenseits all der ihn nieder-
schmetternden Erfolge, Gewinne und Triumphe, ohne
den Herrn Faust im Nacken, ohne den kranken Schaf-
fensdrang – und beginnt jeden Morgen, als sei er, als sei
die Welt am Ende, wie je. Sage ich zu ihm: »Dank dir
entsteht hier etwas, das Schule macht – schau all die
Meisterschüler von auswärts!«, antwortet er: »Zur
Hölle mit sämtlichen Meistern und Meisterschülern.
Und Meisterwerk ist nur ein anderer Ausdruck für ins-
geheime Untaten.« Jeden Morgen muß ich tieferen
Atem holen, um aus meinem Mann die Wut über sich
selbst herauszublasen und ihn zum Weiterwerken anzu-
stacheln. Teufelskreis: Je näher ich ihn an das Ziel
bringe, desto größer wird meine Angst um ihn. Wie be-
gehrt er, und wie ist ihm dabei sein Begehren so gar
nicht recht. Und wie verkörpert er die Ferne und Weite,
und ist zugleich der, der beim kleinsten Mißgeschick
sich und die Welt in die Luft sprengen möchte. Und
wenn er heute »Der mit den anderen Sorgen« ist, so ist
er am nächsten Morgen der mit den kleinlichsten und
kläglichsten Sorgen überhaupt: »Wird mir heute das
Schuhband reißen? Ist das Gartentor abgesperrt? Bedeutet dieser Punkt auf der Haut Krebs?« Sein Gesetz

für das Land ist genauso nötig auch für ihn selber. Sonst wird es noch zum Verzagen hier. Wird es zum Verzagen hier? Frag nicht. Erzähl.

Während sie sprach, sind ständig UNBEKANNTE, *»Besucher«, über die Szene gegangen, und die* ERZÄHLERIN *schließt sich ihnen zuletzt an und geht mit ihnen ab.*

Dunkel.

10

*Das Land unter dem freien weiten Himmel. Frühling.
Stille. Rabenschreie. Das ursprüngliche Portal verhängt
von einem Trauervorhang, verhüllt auch »ausgegrabe-
nes« Schiff und Gefährt, diese freilich eher wie mit
Baustellen- oder Autoplanen. Auftritt der beiden Vettern von verschiedenen Seiten, im Trauergewand, mit
zwei brennenden Kerzen, die sie nun ausblasen.*

PABLO
Jetzt sind wir die letzten unserer Sippe.

FELIPE
Ich kann kein Kind haben. Und du willst keins, noch
keins. Auch recht. Es wird schon seinen Sinn haben.

PABLO
Du solltest »Sinnreich« heißen, oder »Sinnschön«.

FELIPE
Vega ist die Aue, und der Beiname für »Aue« ist »Sinnreich«.

PABLO
Je furchtbarer ein Fehlschlag, desto sicherer für dich der
Sinn. Je feindlicher die Verhältnisse, desto eher gehört
sich das für dich so. Je widriger die Welt, desto lauter

singst du das Lied von der Daseinsfreude. Je nieder-
schmetternder der Unsinn, desto glückstrahlender dein
Schicksalsglaube. Recht lange leben wir beide nun
schon, und mit jedem Tag häufen sich bei dir noch die
Verluste, die Schmerzen oder Blamagen, und du wun-
derst dich nicht einmal, daß du so fröhlich bist. – Und
nun erzähl vom Tod deiner Mutter, von Anfang bis
Ende, in allen Einzelheiten.

FELIPE
Von dir weiß hier jeder, daß du vor dem Sterben deiner
Mutter geflüchtet bist. Während sie drei Tage und drei
Nächte durchgeschrieen hat, daß es bis in den letzten
Landeswinkel zu hören war, hast du dich in deinen
schalldichten Arbeitsbunker dort eingeschlossen und
weiter an deinem Weltgesetz getüftelt.

PABLO
Nein, ich habe all die Tage und Nächte lang dort ge-
schlafen, wie seit jeher, wenn ich nicht aus noch ein
weiß. Allerdings war ich dann beim Aufwachen tatsächlich um ein Stück vorangekommen.

Innehalten. Das Wehen kurz über die Szene.

FELIPE
In ein und derselben Nacht haben unsere Mütter uns
damals geboren, in ein und derselben Nacht sind sie
jetzt beide gestorben. – Ja, von allen Ereignissen bisher
war das Sterben meiner Mutter mir das freudigste. Es

stimmt, ich saß die ganze Zeit bei ihr, doch nicht aus
Sohnespflicht, sondern aus äußerster Gespanntheit: Ich
wollte keinen Augenblick versäumen. Als dann der To-
deskampf einsetzte, bin ich noch näher an sie herange-
rückt, habe ich mich noch tiefer zu der Mutter hinabge-
beugt: Kein süßeres Schauspiel! Ihre letzte Nacht war
mein Freudentag. Wenn ich da etwas offen sah, so ganz
und gar kein Grab. Ja, es stimmt: Vor dem Fenster hat
das Käuzchen geschrieen, aber das war kein Unheilsruf.
Und als sie dann im Morgengrauen mit jedem Atem-
schnaufen, Atemjaulen, Atemwinseln sich mehr und
mehr aus der Welt entfernte, hat sich dazu draußen im
Apfelbaum kein Lüftchen geregt, aber das hatte nichts,
gar nichts zu bedeuten. Die Hand, die mich gerade noch
einmal gedrückt hatte, ist aus der meinen gerutscht, die
Mutter hat um sich geschlagen, der Todesschweiß ist
gespritzt, und ich bin von meinem Platz aufgesprungen
und habe einen jeden dieser Momente buchstäblich auf-
fangen wollen, ihn trinken, auflecken, einsammeln, sieben. Wie weit ist die Welt danach gewesen, wie weit.
Und wie reich war ich, wie reich. *Er schlägt wild eine*
Maultrommel.

PABLO
Für mich sind die Sterbenden Spielverderber. Und wer
meine Mutter gekannt hat, wußte, sie würde als Sterbende alles dazutun, ihre Nächsten noch schlechter und
schuldbewußter dastehen zu lassen. Hätte ich in ihrer
letzten Nacht bei ihr gewacht, so wäre sie bis an ihr
Ende weggedreht gewesen zur Wand, und jeder ihrer

Röchler wäre hinausgelaufen auf wieder einen Vorwurf an mich. »Du bist froh, mich loszuwerden.« »Du hast mich nie geliebt.« »Du bist wie dein Vater.« »Du hast meine Brüder nicht gerächt.« *Er zerrt die Trauerverkleidung von dem Portal, das immer noch geschmückt ist mit den Vorfrühlingsgirlanden.* Warum verfolgt ihr mich alle seit jeher mit dem Tod? Während meine Arbeit Tag für Tag mehr ein Ganzes zu werden verspricht, bekommt mein Jubel darüber, umso heller er ist, desto tintenfischschwärzer den Todeszwangsgedanken beigemischt. Dank derjenigen, die meine Frau ist, bin ich aber inzwischen verschossen ins »Und dann und dann«, und so ist in jüngster Zeit, die toten Mütter hin oder her, etwas Drittes hinzugekommen: der Gedanke der Unsterblichkeit. Das heißt natürlich nicht, daß ich an diese glaube. Ich fange nur an zu begreifen, gerade auf dem Grund des Wechsels zwischen meinem Jubel und meinem Grausen, wie solch ein Gedanke je sich hat bilden können. Der König Gilgamesch, dem ungeheuer viel glückte, ging so zuletzt auf die Jagd nach der Unsterblichkeit und wurde todkrank, weil er sie nicht erjagte, und das war ungefähr unser allererstes Epos. Und die Pharaonen dann im alten Ägypten, je vollkommener ihre Macht strahlte, desto energischer, penibler und zugleich wahnsinniger betrieb ein jeder seine Zurüstungen für die Überfahrt in die Unsterblichkeit. Schau ihre Totenschiffe an: Da ist vorgesorgt für die Überwindung von nicht bloß tausend Schwellen und Hindernissen vor dem Ewiglebensort. Für jede einzelne Passage, vom Aufbruch aus dem hiesigen Hinscheiden bis zur endlichen Ankunft, nach langer gefährlicher Fahrt, dortwo in der Unsterblichkeit, hatte der Pharao sich für sein Fährschiff ein derartig vielfältiges und feines Räderwerk aus Werkzeugen, Waffen, Wegzehrungen und -wachen ausgemalt und auch herstellen lassen, daß dieses System an Erfindungsreichtum gleichwelchein für das heutige tägliche Leben und Überleben bestimmtes spielend übertraf. Keine umfassendere und zielbewußtere Energie in der ganzen Menschheitsgeschichte als die jener königlichen Todesangst! Keine kraftvollere Verzweiflung! *Er zieht mit einem Ruck das Tuch von dem Schiff, das, zwar unvollendet, höher und farbiger erscheint denn je, desgleichen von der Kalesche oder dem Leiterwagen, oder der Karosse?, die ...* Ja, so verstehe ich den Gedanken der Unsterblichkeit, und daß er erstmals geträumt worden ist damals von den Oberherrn, und bezogen allein auf sie selber, und in gewaltiger Angst. Stell dir vor, das sei hier das Überfuhrschiff des Pharao Soundso, in den viertausend Jahren nach seinem Stapellauf tiefer und tiefer begraben im Sand der Libyschen Wüste, kaum mehr etwas davon übrig, das Innere längst zersetzt oder ausgeräubert, und was teilt sich dir davon mit? Todesangst, die reinste, und Unsterblichkeitsenergie, noch reiner.

FELIPE
Mir ist beides fremd.

PABLO

Aber steht das nicht in einem deiner Gedichte?: »Das
bringt einander um, das Jetzt und Jetzt.« Mich jedenfalls bringt die übliche Zeit, mit ihrem Jetzt und Jetzt,
mit ihrem Jetzt so, und Jetzt so, um, mit ihrer Morgen-
enge und Abendweite oder umgekehrt, heute mit mir,
morgen gegen mich. Und die Sprunghaftigkeit dieser
Normalzeit kommt, denke ich, nicht aus mir, sondern
aus ihr, dieser Art Zeit – aus unserer Jetztzeit hier – aus
unsrer bestimmten Gegenwart und Epoche. Unsere All-
tagszeit gibt uns alles, jetzt den Einheitstaumel, jetzt die
Vereinzelung, alles – nur kein Maß oder eine Folge – »el
don del temple«, die Gabe des Maßes, sagt man das
nicht von einem gut die Zeit einteilenden Stierkämpfer?
Die jetzige Art Zeit ist eine durch und durch despotische
und läßt es nicht zu, daß wir ihre Genossen oder Mit-
spieler werden. Und als Trost winkt unsereinem nicht
einmal so etwas wie eine Endzeit, worin ein jeder wenigstens nicht gottsjämmerlich für sich allein enden müßte
– auch die Endzeiten sind vorüber! –, sondern die Zeit
jetzt läuft ab, springt dahin, schleppt sich, stockt, über-
schlägt sich, zickzackt mit einer scheußlichen Unend-
lichkeit, in der ich mir umso endlicher und kurzlebiger
vorkomme. Die jetzige Zeit, so wie wir sie erleben, ist
nicht mehr unsere Zeit. Wenn ich an eine Unsterblichkeit denke, dann drängt es mich nach einer neuen Weise
von Zeit, und zu deren Begründung eben nach einem
neuen Gesetz.

FELIPE

Die Art Zeit, die ich kenne, ist mein Freund oder meinetwegen mein Gott, mit jedem Fehlschlag mehr. Was
für ein Trauerspiel wäre das, stelle ich mir vor, wenn ich
unversehens doch einmal Glück und Erfolg hätte.

PABLO

Die Geschichte, die du erlebst mit deiner Zeit, ist einma-
lig in jeder Hinsicht. Aber von mir, und nicht nur von
mir, wird das neue Gesetz für eine neue Weise von Zeit
gebraucht. Dringlich. Und es ist möglich. Ich werde es
schaffen. Oder aus der Luft greifen. Aus dem Ärmel
schütteln. Aus hundert Ärmeln. Und in dem Augenblick, da es mir gelingt, wird diese dumme zerfahrene
Jetztzeit eine noch nie gekannte Ordnung bekommen.
Eine entdeckerische Ordnung. Das Gegenteil von jenem
Verordentlichen in dem Sinn, wie ein Golfplatz zum Beispiel eine Gegend verordentlicht.

FELIPE

Dein Gesetz macht mir angst – erst einmal für dich.
Noch am Abend seiner Vollendung wirst du dich in den
Ätna oder in die letzte Jauchengrube stürzen.

PABLO

Kann sein. – Ja, kann sein. Und kann sein, daß ich euch
alle mit mir ziehe.

Dunkel.

11

Das Land noch immer unter dem freien Himmel. Es ist Sommer. Der Hintergrund leuchtet, und hinter diesem noch ein Hintergrund. Die Grillen. Das Werk – Schiff, Wagen usw. – ist fast vollendet; das Portal flankiert von zwei kleinen Birken; sein Pendant hinten strahlt wie ein Monument, und Bodenlampen führen von ihm weg in die Tiefe wie bei einer Start- oder Landebahn; zur einen Seite vielleicht, in eine Weite führend, der Ausschnitt eines Weizenfelds. Sommerwindwehen. Die RAUMVERDRÄNGERROTTE *stürmt nun querfeldein auf die Szene, in ihrem steifesten, blechernsten Raumverdrängerdress, welches das entsprechende Geräusch macht. Schlagartig hört das Wehen auf. Selbst die Dinge sind gleichsam schreckstarr geworden, obwohl es erst einmal nur die drei sind, ohne den* HÄUPTLING. *Sie schleppen nicht nur Fangnetze und Angelruten, sondern spezielle Raumschluck-, -saug, -ausknipsgeräte, wie sie noch kein Mensch gesehen hat. Sie stoßen nun ein gemeinsames Kriegshurra aus, der* DRITTE *etwas verzögert und mit einem fast freundlichen Unterton.*

RAUMVERDRÄNGER EINS
Mitten im Frieden sind wir im Krieg.

RAUMVERDRÄNGER ZWEI
Die Erbarmungslosigkeit soll wieder lagern über der
Erde.

RAUMVERDRÄNGER DREI
Es muß dem Land sein Ruf aberkannt werden. Es soll
sogar keinen Namen mehr haben. Es und seine Bewoh-
ner sind zu bloßen Zahlen herabzustufen. Die hiesigen
Sonnenblumen haben ab heute Schwarzwurzeln zu heißen. Der Rio Real wird umbenannt in Rio Seco, das
heißt Trockenfluß. Felipe Vega wird umbenannt in
Franz Apfelbaum, Pablo Vega in Moses Birnstengel.
Sämtliche Holzstege über die Regenpfützen haben gesprengt, sämtliche Zaunlatten dezimiert und sämtliche
Zwischenräume ausgeräuchert und verstopft zu werden. Und die örtlichen Palmen haben vors Kriegsgericht
gestellt zu werden. Und die Landesspatzen sind mit einem scharlachroten Punkt zu versehen.

RAUMVERDRÄNGER EINS
Du schießt wieder einmal übers Ziel hinaus, Drei.

RAUMVERDRÄNGER ZWEI
Du vergißt, die uns rechtfertigt: die Form.

RAUMVERDRÄNGER EINS
Auch wir wollen doch ein neues Menschheitsgesetz,
und das gar im Kollektiv. Wir wollen aufhören, die Ver-
kannten und Verhaßten zu sein. Wie einsam wir sind
unter den Völkern, seit Jahrtausenden, und dabei wie

liebesbedürftig, wie warmblütig. Noch gestern habe ich geträumt, der heilige Martin zu sein und dem frierenden Bettler einen Teil meines Blechmantels hier zu geben. *Er knipst ein Hintergrundleuchten aus.*

RAUMVERDRÄNGER ZWEI
Und ich habe meine Kindheit in einem Holzverschlag verbracht, habe in der Schule einmal einen abschreiben lassen, weiß alle Gedichte von Góngora auswendig, bin in meiner Militärzeit kein einziges Mal krank gewesen, habe geweint beim Tod Kennedys, Lumumbas und Antonio Martíns, habe noch gestern bei »Wir treffen uns am Fluß« mitgesungen und habe gerade noch zum Betrachten einer Sommerwolke Habachtstellung eingenommen. *Er löscht das andere Hintergrundleuchten: Das Portal dort verschwindet, dessen Gitter verweht wie ein Spinnennetz, das Weizenfeld rollt sich ein und ist nicht mehr da ...*

RAUMVERDRÄNGER DREI
Und ich bin der Erfinder des Echoschluckers. *Er führt das vor mit einem Gerät: Vor dessen Betätigung sein Rufen mit Raumwirkung, danach verflacht.* Und der Erfinder des Bilderabschießers. *Er führt das vor mit einem Gerät: Farbige Bilder ziehen hin und her über die Szenerie, die jetzt nacheinander abgeschossen werden.* Und der Erfinder des Baumbeseitigers. *Er führt das mit einem Gerät vor an den zwei kleinen Birken.* Und der Erfinder der 1-D-Brille.

Er setzt sich und seinen Genossen die Eindimensionalitätsbrille auf, worauf vor den Augen der Zuschauer auch noch der letzte Rest Bühnenhinterraum zu Strichen und Punkten schrumpft.

RAUMVERDRÄNGER EINS
So viel Niemandsland hier.
Er versenkt oder schwärzt – Brille ab, Brille auf – das Schiff.

RAUMVERDRÄNGER ZWEI
Ungenutzt, verwahrlost, verkrautet. Und die paar Konstruktionen wacklig. Keine Wertarbeit. Nur aufgestellt für einen Tag und bloß zur Schau.

Er neutralisiert – Brille ab, Brille auf – das Bauernportal.

RAUMVERDRÄNGER DREI
Und von hier soll das neue Heil – Pardon, dieses Wort ist bei uns ja unter Strafe des Ausschlusses aus der Bande verboten! –, ich verbessere mich: Und von hier soll der neue Drive, der dritte Wind, das Platzen des Knotens, der neue Aufbruch kommen?

Er verzerrt oder »chaotisiert« – Brille ab, Brille auf – das große Kutschen-Rad.
Auftreten des HÄUPTLINGS.

95

HÄUPTLING

Heute müssen wir ihn kriegen. Denn sonst geht die Geschichte schon ab der nächsten Szene ohne uns weiter.
Jetzt oder nie. Bisher kamen wir jeweils entweder zu
spät, ihn zu verhindern, oder zu früh. Wie für ein Ge-
dicht, eine Umarmung oder einen Tanzschritt zählt
auch gegen den Erzfeind vor allem der richtige Augenblick. Und der ist da, ich spüre es von den Fingerspitzen
bis in die Zehenballen. Nicht wir sind inzwischen die
Raumverdränger, die Sphärenschlucker, die Despoten –
er ist es, der Gerechtigkeits- und Gesetzessucher. Un-
denkbar eine Welt ohne uns, die Desperados. Wäre ich
ein Zeitgenosse des Pythagoras gewesen, ich hätte den
Pythagoräischen Lehrsatz verhindert, und zwar für alle
Zukunft. Und zur Zeit Giottos hätte ich das Malen seiner Menschengesellschaften verhindert, und damit aller
nur menschenmöglichen Gesellschaften nach ihm. Und
dem Francesco Petrarca hätte ich lang vor dem Gipfel
des Windbergs an seinem Weg aufgelauert, so daß auch
keiner nach ihm je auf seine entdeckerische Weise
»Ich!« gesagt hätte. Und Goethe wäre, durch mich, seinen natürlichen Todfeind, vom Straßburger Münster
gestoßen, kaum mehr ein Name, und keiner nach ihm
hätte zu sich finden können als der Goethesche Mensch.
Dabei fühle ich mich zu diesen Gestalten hingezogen –
ertrage bloß nicht, daß meine und ihre Gegenwart zu-
sammenfallen. Das ist es, was mich zum Desperado
macht. Es will vernichtet werden. So ist es gedacht. Dabei hat es mit mir eigentlich grundanders angefangen.
Schon als Kleinkind wollte ich alle Welt umarmen. Nur

96

habe ich jeweils danebengegriffen und dem anderen unabsichtlich wehgetan, und mit der Zeit zuckte jeder schon im voraus vor mir zurück. Oder ich wollte begeistert auf einen fernen Horizont zeigen und stieß dabei versehentlich meinen Nebenmann zur Seite. Kein Raumgefühl! hieß es von mir, der dabei doch nichts als gefallen wollte, gleichwem, und dem zu gefallen, zu gefallen, zu gefallen, reinste Freude war. Und inzwischen sehe ich schon seit langem niemanden mehr auf Erden, keinen einzigen, dem ich noch gefallen möchte. So begann ich schon bald meine andere Laufbahn und gewann meinen Spaß dran. Der große Raumschlinger bin ich geworden, der Sonnenfinsterling, der Abschießer des Himmelblau. *Er tut das.* Ja, am Anfang tat ich noch den Mund auf in bester Absicht – um die anderen zu vergnügen, zu erheitern, zu begütigen –, aber man schreckte noch vor meinem ersten Wort zurück wie vor einem Totenmaul, und was blieb mir weiter übrig, als solch ein Bild von mir zu bestätigen, ihm zu entsprechen? Mörderisch zu sein, zum Gegenvergnügen? Ein guter Dämon hätte ich werden können, und wurde ein böser, der Antibruder, und das begeistert. Begeistert? Ja, begeistert! – Wie schön ich bin. Bin ich nicht schön? Auch ihr seid schön. Wir Desperados sind alle schön, weit schöner noch als je ein Angeklagter.

RAUMVERDRÄNGER EINS
Er kommt.

RAUMVERDRÄNGER ZWEI
Sie kommen.

RAUMVERDRÄNGER DREI
Er kommt mit einem rechtwinkligen Dreieck. Er
kommt über den Monte Ventoso. Er kommt mit einer
schönen jungen Frau. Beide tragen Hermelinmäntel
und Sporenstiefel. Endlich kommt er. Endlich kommen
sie.

*Netze usw. werden über ihn geworfen, und so zieht sich
die Rotte zurück, während* PABLO *und die* ERZÄHLERIN
*auftreten, sommerlich-ländlich gekleidet, barfuß, und
die Bühnendinge wieder ihren Platz und ihr Licht bekommen.*

PABLO
Den Rhythmus habe ich schon in mir, so klar, daß das
Gesetz sogar dem böswilligsten Finsterling einleuchten
muß. Ich brenne jetzt sogar darauf, in einem Zug zu
sagen, was recht ist. Ich möchte das Gesetz geben wie
ein besonderer Musikant sein Musikstück: In jedem
Takt, den er spielt, erscheint schon der Takt vorgezeich-
net, der darauf folgen wird. Was mir fehlt, ist nur noch
die Geduld, zum Beispiel eines Idioten. Und vielleicht
doch ein Kind, zum Einklopfen des Rhythmus, hier in
die Hand. Und was mir am stärksten noch fehlt, ist das
Herausfinden des Abstands, damit die Gesetzesrede zugleich auch ein beständiges InsBildsetzen wird. Ohne
Bild kein Gesetz. Das neue Gesetz muß sehen und gese-

hen werden. Blinde Gesetze gibt es genug. Also in den Abstand, den richtigen. Wo ist er? *Er versucht es mit ein paar Szenensachen.* Zu nah: Keine Verknüpfung mehr mit anderm. – Zu weit weg: Gefälschte Harmonie.

ERZÄHLERIN
Es ist nicht der Abstand. Es ist die Anschauung. Wer kann heute noch etwas anschauen? Ob der Papst etwas richtig anschaut? Das einfache Anschauen ist inzwischen das allerschwierigste. Erst mit deinem Anschauenkönnen wirst du den Krieg unmöglich machen.

Die RAUMVERDRÄNGERROTTE *tritt vollzählig ins Licht.*

PABLO
Es gibt euch noch?

HÄUPTLING
Uns wird es immer geben. Wir sind kinderreich.

PABLO
Willkommen im Land. Sooft ich am Ende war, kamt ihr, um mir den Rest zu geben, und das hat mich noch jedesmal wieder auf die Beine gebracht.

HÄUPTLING
Du bist nicht nur genauso wie wir, sondern noch schlimmer. Von klein auf beobachte ich dich und schicke dir meine Späher nach. Als Dreijähriger hast du dort drüben am Abhang den Kopf deines Vetters in die

Brennesseln getunkt. Mit sieben hast du deine Mutter überredet, die Milch, die du auf dem Leiterwagen zur Genossenschaft brachtest, mit Wasser zu verdünnen. Und mit zwölf hast du eurem Idioten, der nicht bis drei zählen kann, beim Kartenspiel sein ganzes Idiotenmonatsgeld abgenommen.

PABLO
Weiter. Nicht aufhören.

HÄUPTLING
Im Ebro bei Zaragoza hat sich dann die Ertrinkende an dich geklammert, und du hast sie mit beiden Beinen weggestoßen. Auf dem Campussportplatz von Boston hast du einen beim Speerwerfen mit Absicht ins Auge getroffen. Und als die Frau des indischen Botschafters sich deinetwegen die Adern aufschneiden wollte, hast du ihr dafür eine Rasierklinge gegeben und sie dann so lange verhöhnt, bis sie es getan hat.

PABLO
weiter auf der Abstandsuche, messend, nachziehend, Sachen verbindend, zunehmend schwungvoll in die Luft malend. Nicht aufhören. Mehr! Deinen Haß nicht blechern, sondern blank!

HÄUPTLING
Du möchtest uns ebenso weghaben wie wir dich, nur verschweigst du das. Dein Schönes und Großes tust du zugleich mit dem Hintergedanken, uns damit aus dei-

nem Weg zu räumen. Dein Hintergedanke, Herr Faust
Drei und Solon Vier, beim Deichebauen, Atomkernbe-
schießen, Neue-Spiele-Entwerfen, ist sogar dein Leitgedanke. Was dich so ständig zum Pioniertum treibt, das
ist die Mordgier.

Die drei übrigen RAUMVERDRÄNGER *haben sich unter-
dessen, lautlos, jeweils zwischen die Gegenstände und*
PABLOS *Abstand- und Maßnehmen gestellt, wie ohne
Absicht, wie traumverloren,* DREI *zudem eher unge-
schickt und fast liebenswert; hocken schließlich zu dritt
vor der Betrachtsache, ein wie entrücktes Lächeln in
den Gesichtern.*

PABLO
hat sich von dem allem weiter leiten lassen. Warm. –
Wärmer. – Es wird. – Es kommt. – Es bildet sich. *Zum*
HÄUPTLING: Los, einen letzten Anstoß, ein letztes Glut-
stück auf die Lippen!

HÄUPTLING
Überhaupt hast du noch nie einen Gedanken ohne dei-
nen ewigen Hintergedanken gedacht, und der heißt
Tod. Und so bist du von uns allen hier der schmutzigste.
Und so bist du unheilbar. Und so ist der Tod dein ein-
ziges Gesetz.

PABLO
der ihm gelauscht hat. Heiß! – Ganz heiß! – Da ist es. –
Das Bild. – Die Bilder. *Er läuft zum* HÄUPTLING *und*

umarmt ihn. Bruder. Mein Bruder! *Er setzt nun an, mit einer Riesenkreide etwas auf das Portal zu zeichnen. Die Kreide bricht. Er versucht es wieder. Die Kreide bricht. Usw. Ein Wutschrei:* Gemeine Welt. Böse Dinge. Nomos paralogos. Beastly beauty. Amour futile. Eros paidiakistikos. Viva la muerte. Nie wieder ein Gesetz. Krieg, Flurbereinigung. Weg mit uns. Lecke Boote! Lecke Portale! Lecke Kutschen! Lecke Welt! Leckt mich, alle!

Er hat sich dabei die Fäuste an den Kopf geschlagen, den Kopf auf den Boden geschlagen usw., die Krone oben vom Portal im hohen Bogen weggeworfen, auch die Erzählerin *weggestoßen, gerempelt – nur die* Raumverdränger *alle blieben ungeschoren und gaben ihm für sein Durcheinander gleichsam den Takt an.*

Erzählerin
dazwischentretend und Einhalt gebietend, dann an die Rotte *gewendet.* Wie häßlich du bist. Und du erst. *Zu* Drei: Du etwas weniger. *Zum* Häuptling: Wie bist du häßlich. Noch nie habe ich einen solch häßlichen Menschen gesehen. Selbst ein Elefantenmensch würde sich die Elefantenmenschohren über die Elefantenmenschaugen schlagen bei solch einer Häßlichkeit. Für deine Häßlichkeit muß ein ganz neues Wort erfunden werden, ein Häßlichkeitsvertilgungsmittelwort. So scheußlich häßlich bist du. So häßlich seid ihr. Häßlich, häßlich, häßlich. Aufgrund eurer Häßlichkeit werdet ihr hiermit

aus der Welt gestrichen. Eure Geschichte ist aus. Ich habe euren Code geknackt, bin in euer Programm eingedrungen und werde dieses jetzt löschen, und euch Häßliche, dreimal Häßliche, Tausendhäßliche, mit. *Sie gibt ein Zeichen in den Bühnenhimmel.* Wegblenden. Ausschalten. Ausstöpseln.

RAUMVERDRÄNGER EINS, ZWEI UND DREI *flehentlich.*
Schwester. Schwester! Schwesterlein!

HÄUPTLING
ebenso. Bruder. Bruder! Brüderlein!

Ein gehöriger Lichtblitz, und dann sind die RAUMVERDRÄNGER *verschwunden. Sie versetzt* PABLO *ein paar Ohrfeigen, boxt ihn, worauf er wieder zu sich kommt.*

PABLO
Du hast mir meine Brüder genommen, meine Ergänzer.

ERZÄHLERIN
Die kehren nie mehr zurück, und wenn, dann erzähle ich sie jedesmal wieder weg von hier, und in einer jedesmal schöneren Variante. Die Erde ist mehr und mehr bevölkert von solchen Eindringlingen, nicht bloß aus einem feindlichen Nachbarland, sondern einem fremden Planeten.

PABLO

Mein Zerstören eben kam nicht aus Zorn, sondern einem Riß in mir, einer wie angeborenen Bodenlosigkeit.
Ich bin nie ein Ganzer gewesen. Und seltsam, daß dieser
Riß noch nie aufgebrochen ist im Umgang mit den Leuten, immer nur mit den Dingen. Und auch da kein
einziges Mal vor etwas Großmächtigem, Komplizier-
tem, schwierig zu Handhabendem, vielmehr immer
bloß vor Kleinem, Langvertrautem, Kinderleichtem.
Ein Schlüssel fällt mir zu Boden – eine Zirkelmine bricht
– ich finde ein Ärmelloch nicht: Und die Welt gerät aus
den Fugen. Eine unregelmäßige Stufe auf der Treppe,
wo ich gerade gehe mit der Harmonie eines Kosmos vor
den Augen, und es reißt auf der Stelle jeder Zusammen-
hang. Und es treibt mich dann, wegen der einzigen
ungleichen Stufe, zu dem Chaos noch etwas dazuzutun
– zu vernichten, zu vernichten, zu vernichten, auch mich
selber. Ich sage dir jetzt etwas, was ich noch zu niemandem gesagt habe: Hilf mir. Hilf mir weiter. Es ist dringend.

ERZÄHLERIN

In dem, was du vorhast, bist du nicht nur du. Und in
dem, was du vorhast, bist du in deinem Element. Und
dein Element schützt dich. Und wenn trotz allem der
Riß sich auftut, werde ich da sein und dich ganzerzäh-
len. Die Liebe ist da. Ich bin dir grün. Wehe dir nur,
wenn du deine Geliebte je verläßt, deine Erzählerin. Verstanden? Auf. Es eilt. Wie verstockt sind wir inzwischen
alle. Jeder haßt manchmal jeden. Und alle sind gejagt,

auch die Jäger. Und jeder ist jedem unbekannt, und das zugleich ohne einen Schimmer von Staunen. Und jeder ist seine eigene Sekte, milliardenfach. Es drängt. Es wird Zeit.

Windstoß. Als sie hinten durch das Prachtportal abgehen wollen, kommen vorn FELIPE *und die* FLÜCHTLINGIN *auf die Szene, sie mit einem Wäschekorb.* ERZÄHLERIN *und* PABLO *halten, ungesehen im Sommerschatten, inne.*

FELIPE
Ich bin am Ende.

FLÜCHTLINGIN
Recht so. Umso besser.

FELIPE
Den »Das-Leben-ist-ein-Traum«-Preis für ein Traumspiel aus den heutigen Zeiten hat ein von Montserrat entlaufener Mönch bekommen. Ich war auch darauf gefaßt, wieder einmal leer auszugehen, denn es ist etwas anderes, in den Nächten, wie ich, groß zu träumen, und dann am Tag dazu eine Spielordnung aufzuschreiben. So freue ich mich auf das Traumspiel des Profis von Montserrat. Außerdem war mir schon immer ein Grauen, irgendeinem andern, außer vielleicht dir, käme mein Geschriebenes vor Augen. Und das peinlichste: ein einheimischer Leser. Nachdem ich seinerzeit als Kind auf einer Bergwanderung mit meiner Mutter mich dazu

hatte hinreißen lassen, im Refugium einen Vers für das
Hüttenbuch zu verfassen, hat es mir noch Jahre später
arg zugesetzt, daß dort oben einer hier aus der Gegend
meine Handschrift, samt »Felipe Vega« darunter, lesen
könnte, und eines Tages, schon als Erwachsener, habe
ich mich dann allein ins Gebirge bemüht, hinauf in die
spitzeste Sierra, um das Blatt aus dem Buch zu reißen –
nur gab es weder Buch noch Hütte mehr, was für ein
Stein ist mir da vom Herzen gefallen. Und wie erlöst war
ich später dann einmal auch, als das erste und bisher
letzte Gedruckte von mir, der von einem hiesigen Hand-
werksmeister bestellte gereimte Neujahrsspruch für
seine Kunden, im Jahr darauf ersetzt war durch
einen Reim von Lope de Vega ... Gelesen werden wollte
ich eigentlich immer nur von meinen nächsten Angehörigen, oder eigentlich allein von meinem Vater – nur
habe ich den nie gekannt, und suche ihn, bald selber
schon alt, noch heute –, und jetzt von dir, meiner
Frau.

DIE FLÜCHTLINGIN
    »Der Vorfrühling hat einen Glanz,
    der von der Seite kommt.
    Der Vorfrühlingsglanz ist ein
        Seitwärtsglanz.
    Der Vorfrühling erglänzt durch das
        stoßweise Wehen
    des Windes in Büschen und Gras.
    Der Vorfrühlingsglanz ist ein
        Wehglanz.

Der Vorfrühlingsglanz erscheint zum
   Beispiel
im Seitwärtswehen der
   Kiefernnadeln ...« –
Meinen Lebtag lang, bis zu dem Moment, als ich hier
ankam, bin ich nur geflüchtet, den Blick zu Boden, auf
meine Schuhe, oder geradeaus, oder schnurstracks hinter mich, »Schau nicht auf die Vögel – schau geradeaus!« sagte mein König immer –, aber dieses Seitenlicht
habe ich trotzdem mitgekriegt. Wieso bist du am
Ende?

FELIPE
Ich bin gescheitert auch sonst überall. Das Grab meiner
Mutter ist eingeebnet. Von meinem Großvaterhaus
steht kein Stein mehr. Du mußt als Putzfrau arbeiten.
Jeder einzelne hier im Land hat inzwischen Erfolg – von
meinem fast schon Moses-gleichen Vetter zu schweigen –, das Volk ist stolz auf sich, sogar der Idiot ist im
Vergleich zu den Idioten der anderen Länder etwas Besonderes, gilt als Prophet, wird aufgesucht von Rat-
suchenden aus der Ginza und der Wallstreet: Nur ich
bin am Boden. Recht so. El verdadero »está bien« me
lo digo en el suelo, caído. Das wahre »Es ist gut« sage
ich mir am Boden, gefallen.

FLÜCHTLINGIN
Deine Zeit wird kommen. Und wenn sie nicht kommt –
umso besser. Stell dir vor: Du im Triumph. Stell dir vor:
Ich an der Seite eines Triumphators. Sieht man all die

heutigen Oberhäupter, kann man doch nur froh sein, daß man nichts ist. Und es ist nicht einmal wahr, daß ich dich arbeiten sehn möchte. Wahr ist vielmehr, daß ich es gern habe, wenn du kommst und mir beim Arbeiten zuschaust. Wir sind beide am Ende, seit jeher. Wir sind das verlorene Paar. Ist das nicht wunderbar? *Sie jauchzt.*

FELIPE
Und jetzt?

FLÜCHTLINGIN
Wir gehen dort drüben ans Wasser.

FELIPE
Ist dort ein Wasser? Seit wann?

FLÜCHTLINGIN
Seit immer.

FELIPE
Und dann?

FLÜCHTLINGIN
Hänge ich die Wäsche auf.

FELIPE
Und ich?

FLÜCHTLINGIN
Du sitzt schön dabei.

Beide laufhumpelnd ab.

PABLO

mit der ERZÄHLERIN *aus dem Schatten tretend.* Manchmal kommt mir vor, er hat es besser als ich. Und ich möchte dann auf der Stelle zurückkehren in meine und unsere Enklavenbedeutungslosigkeit. Wie war ich glücklich überall, wo ich ganz ohne Namen war, so wie damals an dem Herbstregentag auf dem Abort des Autobahnhofs von Benavente, oder an dem Wintervormittag damals unter den Verkommenen vor dem Pornokino in der Dreiundzwanzigsten Straße. Kein Hahn hat da nach mir gekräht, und ich kam mir vor wie am Ziel. Die paarmal, da ich so am Ende war wie mein Vetter Felipe, das war meine bisher schönste Zeit. Von niemandem anerkannt, fühlte ich mich am besten gesehen. Und heute bin ich ein Großer, und soll nach deinem Willen, Frau, demnächst noch größer sein. *Er gibt dem Glanzportal einen Tritt.* Über den andern stehend, herrschend, bestimmend, sehe ich mich als Verräter an denen, die doch mit mir im Lauf der Zeit, auf der Straße, auf dem Sportplatz, gleich auf gleich waren. Wenn ich stolz bin auf meine sämtlichen Angehörigen, Landsleute und Volksgenossen, so, weil keine ihrer sogenannten Leistungen sie überlebt hat. Und es scheint mir als meine Pflicht, genausowenig Spuren zu hinterlassen wie sie. Schau die sogenannt unsterblichen Werke: Nicht bloß lästig unsterblich sind sie fast alle, sondern scheußlich unsterblich, und das nicht nur der Radetzkymarsch, die Bildergeschichten von Wilhelm Busch und

Der Zauberberg, sondern auch die Mondscheinsonate, der David von Michelangelo, die Lady Macbeth und das Parthenon in Athen oder sonstwo. Gibt es etwas Abgetakelteres als den Bolero? Der versunkenste Schlager bringt mich besser in Fahrt. Raumfressende Unsterblichkeiten. Alle die entsetzlich Unvergessenen. Gelobt seien die Vergessenen. Wieviel erfreulicher wäre doch die Welt, wären alle die Unsterblichkeiten verstummt, verräumt und verweht. Wie gut muß es der Menschheit gegangen sein, als es noch nicht jenen pharaonischen Unsterblichkeitsgedanken gab. Und wieso treibst du gerade einen wie mich, der bis heute nicht seinen Platz da unten auf dem Erdboden gefunden hat, über den andern zu thronen? Wieso glaubst du, daß einer, der bis heute sein eigenes Gesetz nicht gefunden hat, je mit einer allumfassenden Gesetzlichkeit aufwarten kann? Wenn ich überhaupt etwas werden möchte, dann ein geachteter Erfolgloser, beispielhaft erfolglos.

ERZÄHLERIN
So kommst du mir nicht davon. Außerdem spielst du ein falsches Spiel. Ich gebe dir bloß den Begleitschutz. Und wenn du vor mir vielleicht auch eine Frau suchtest, um mit ihr aus der Welt zu verschwinden, so wußtest du, als du mich fandest, bei mir würde es das Gegenteil sein! Nein, Freund, ich will keinen zwiegespaltenen Mann. Heraus aus deiner Grätsche, darunter ist kein Abgrund. Tritt auf und tu dein Amt. Lang genug herrscht nun schon die Zwischenzeit, gibt es das Interregnum – und lang genug bin ich die Wander-

erzählerin. Ja, ich will so etwas wie einen König. Und ich will die Königin sein.

PABLO
Es graust mich vor dir.

ERZÄHLERIN
Ich weiß, ich bin schmutzig, vielleicht die verdorbenste von allen. Aber nur durch mich kommt es zur Reinigung.

Blickwechsel, hin, her, hin, her, wie schon einmal. Zugleich rund um die Szene das Einsetzen der Geräusche, welche das Folgebild bestimmen: Donner, Tumult, Kriegsvorkehrungen.

PABLO
Ich sehe dich nicht. Ich sehe dich nicht mehr.

ERZÄHLERIN
Berühr mich, und du siehst mich.

PABLO
nach Umarmung. Wenn du mich verläßt, sterbe ich.

ERZÄHLERIN
Noch einmal: Es drängt. Ein unermeßlicher Zorn bedroht die Erde. Soll denn wieder erst ein Krieg die Erneuerung bringen?

PABLO
Ich tu's. Ich versuche es. Erst aber verschwinde ich in meinem bewährten kurzen Schlaf. Sich durchschlafen zum Gesetz. *Er irrt hierhin und dorthin.* Wenn ich nur meinen Platz wüßte.

ERZÄHLERIN
fängt ihn ein mit einem Lasso. Hier. *Sie nimmt ihn in den Schwitzkasten und boxt und schiebt ihn durch das Portal in Richtung des imaginären Schlosses ab.*

Dunkel, worin der Tumult – Bomber, Manöver, Vorschlachtschreie – zunehmen.

12

*Die Szene, bei sporadischen Katastrophengeräuschen,
zunächst noch unter dem freien Himmel. Dessen Licht
wird aber jetzt verdunkelt, und dann so weiter während der ganzen Bilderfolge. Alles vollzieht sich sehr
schnell: Der Schatten eines Riesenvogels, oder des Leviathan?, kreuzt über das Land, hierhin und dorthin,
worauf dann eine gewaltige Feder, schwarz in schwarz,
aus der Bühnenhöhe torkelt. Im hintersten Bühnengraben landet wieder ein Fallschirmspringer, auf welchen wiederum, diesmal mit Stahlruten usw., einige
Unbekannte zulaufen und dort auch schon, samt
den nachschleifenden Fallschirmleinen, verschwunden
sind. An einer Stelle am Szenenrand schneit es, während
es an einem anderen Rand wetterleuchtet, während an
einem anderen Rand der Nebel aufsteigt. Dann stürzen
große brennende Papierflugzeuge aus dem Himmel.
Dann das Aufeinanderschlagen von vielen Metallflügeln, die kurz sichtbar werden: Hängt daran nicht die
Raumverdrängerrotte? Ein Apfel fällt sozusagen in
die unmögliche Richtung, von unten nach oben, dann
noch einer, und das Kriegshorn wird geblasen. Mehrere
Unbekannte irren durch das Land, jeder mit ausgestreckten Armen nach einem Menschenhalt, vergebens.
Und darunter irrt dann auch Die Erzählerin. Ein
paar Unbekannte bleiben auf dem Boden liegen und
schnellen dort herum als große Fische, nach Wasser*

schnappend, und schon wieder weggeschnellt. Laut-sprecherstimmen, die sich ziemlich chinesisch, arabisch oder außerplanetarisch anhören. Ein Flackern wie von einem Ambulanzwagenkonvoi zieht lautlos über die Bühne. UNBEKANNTE *schleifen in einem Fangnetz einen blühenden Baum vorbei. Ein* UNBEKANNTER, *der einen gefesselten Widder vorbeizerrt; dann einer mit einem gefesselten Hasen; dann einer mit einer Dreischaft von aneinandergekettetem Affen, Mensch, Hund. Die En-klavenflagge flammt auf und ist schon nicht mehr da, während dazu Fahnen in allen Farben im Augenblicks-sturm durch Schatten wie von gewaltigen Rauchschwa-den wirbeln. Ebenso hat im Nu gleich danach eine Art Rollkommando die Szenerie leergeräumt, so daß von all den Dingen da, bis auf das Königsportal, nur ein paar Bruchstücke bleiben und einen leicht buckligen Boden, eine bucklige Welt bilden – beim Abtransport des Schiffs wurde* PABLO *sichtbar, der dahinter, oder in dem Bootsbauch, lag und schlief, und das weitertut. Weh-geschrei, allseits. Und für einen Augenblick spannt sich jetzt über die bucklige Welt der vollständige Sternen-himmel, unter welchem zuletzt, in der Stille, sehr lang-sam ein Kind geht, vielleicht mit einem Ball unter dem Arm, schweigend, nur alle paar Schritte einmal zutiefst aufseufzend und aufschluchzend, danach ein Wim-mern. Und ganz zuletzt fällt noch ein Strauch herab, gerade vor den all die Zeit friedlich schlummernden* PABLO.

Dunkel.

13

Das Land oder die bucklige Welt unter dem freien weiten Morgenhimmel. Im ziemlich Leeren unten ist gerade ein großes Grünen im Gang, nicht nur an dem Strauch, welcher dem nach wie vor selig schlafenden PABLO inzwischen zum Dach ausgewachsen ist – ein märchenhaftes Grünen, besonders an den Buckeln der Szenenreste. Auch das Licht von allen Seiten ist märchenhaft: Die darin Auftretenden werden besonders anschaulich. Und sind das zunächst nicht wiederum die UNBEKANNTEN aus aller Herren Länder, in ihren Festkostümen durch das Portal gleichsam auf das imaginäre Schloß zueilend oder -wandelnd, woher das märchenhafteste aller Grün strahlt? (An dem Portal sind jetzt Schnüre, oder sind das Buchseiten?, angebracht, welche im Wind flattern oder aufblättern.) Und sind nicht auch der GROSSVATER oder AHNHERR darunter, in seinem roten Ostermantel, und der LETZTE KÖNIG, ohne Insignien, und die ZWEI SCHWESTERN, im Gewand von Herzoginnen? Eindeutig sind jetzt aber das VOLK und der IDIOT, wieder im Sonntagsstaat der ehemaligen Enklave, endomingado: Auch sie, Trompete und Trommel zur Hand, die sie eher schüchtern betätigen, streben, gemächlich, auf das Portal zu; FELIPE und die FLÜCHTLINGIN, Schreib-, Photo-, Film- und sonstiges Aufnahmegerät schleppend, überholen die beiden spielend. PABLO schläft indessen weiter.

VOLK

Sag: Was ist zuerst? Erst der König, und dann das Gesetz? Oder soll er mir zuerst das Gesetz geben, und dann
erst, vielleicht, rufe ich, das Volk, ihn zu meinem König
aus? Idiot: Ich brauche deinen Rat, denn ich habe noch
nie einen König gehabt.

IDIOT

Zuallererst kommt die Volkszählung. *Er zählt:* Eins,
vier, zwölf, sieben, sechs, fünf, vier, drei, zwei, eins – ich
komme, ich springe. *Er verharrt auf der Stelle.* Ich habe
vergessen, mich mitzuzählen.

VOLK

Aber ist der König für hier denn eine Lösung? Ein König
für den Kopf eines Kindes, ja – aber ein König in der
Welt? Bin ich denn einbeinig, daß ich einen König brauche? Und ein König, kann der heutzutage noch mensch-
lich sein? Und war das je anders? Wenn ich alle die
Schlösser sehe – totes Glimmen in den Fenstern, ver-
staubte Betten, Spinnwebenthrone, schon seit immer.
Ein König aus Luft, vielleicht. Und keinen König Wun-
derwirker, sondern einen König Staunenmacher. Und
überdies er da: *Er weist auf* PABLO: Zum König bestellt,
wird er mit uns auf der Stelle Massenselbstmord bege-
hen. Die Baukunst, sagt man, sei die Kunst der Herr-
scher: Aber was wird der da bauen? Erdlöcher. Schon
bei der Thronbesteigung wird er in ein Erdloch fallen.
Berate mich, Idiot.

IDIOT

blättert in dem Portalvorhang oder -buch. Wie wird
man König? Vom Sinn des Königtums? – Keine Aus-
kunft. – Ah, hier: »Erst am Ende der Zeiten wird wieder
ein König kommen, der König vom Ende der Zeiten.«
Willst du das denn, Volk, das Ende der Zeiten?

VOLK
Um Gotteswillen nein!

IDIOT
Also?

VOLK
Kein König! Das Gesetz und sonst nichts. Und vielleicht
nicht einmal das Gesetz. Höchstens das Eintagskönig-
tum – heute! *Sie drehen sich gehend im Kreis.*

IDIOT
Ich sage dir jetzt, in meiner Eigenschaft als Prophet von
nichts und Läufer keines Königs: W i e ein König zu
sein, das ist mehr als ein König. Und ich sage dir: Die
Könige haben immer am meisten ausgerichtet in der
Zeit ihres Schlafs. Schau, wie belebend er schläft. Möge
er noch lange schlafen. Und ich erkläre meine Trommel-
stöcke hiermit in ein Erdloch gefallen. *Gesagt, getan.*

VOLK
Und ich meine Trompete. *Gesagt, getan.*

IDIOT
Aber was hast du da in der Hand?

VOLK
Eine Krone. Gerade gefunden dort hinten in einer Ak-
kerfurche. Ich hab sie zuerst für einen Erdapfel gehal-
ten. Schau: Moos in den Zacken, ein Regenwurm, ein
Vogeldreckspritzer, ein Schneckenspurnetz.

IDIOT *nimmt ihm die Krone aus der Hand und schleudert sie weit weg in ein Gewässer.*

VOLK
Idiot, was machst du? Kann man denn wissen? Einmal
habe ich geträumt, in einem Königreich zu sein, und jedes Streichholzanzünden, Sockenanziehen, Suppenlöffeln – wie trist kam mir immer unser Suppenlöffeln hier
vor – geschah zeitgleich mit einem Orchesterkonzert,
mit dem Auslaufen eines Schiffs, mit dem Werfen eines
Speers. Und einmal habe ich geträumt, in der Gegenwart eines Königs zu gehen, und kein Ende der Zeiten
war das, sondern was für eine Gegenwart, was für ein
Wachsein! *Sie gehen ab durch das Portal und verschwinden dahinter in dem Grünen.*

PABLO
erwacht unter seinem Strauch. Genau der Augenblicks-
schlaf, den ich brauchte! – Und jetzt die Angst, wie vor
einem in die ganze Welt übertragenen Konzert. In die
Steppe, mich verstecken!

Er springt auf, worauf sich die ERZÄHLERIN, *im prächtigsten Erzählerinkleid, zu ihm gesellt, mit einem Kostüm für ihn überm Arm, fast wie für einen Clown, bloß eher dunkel.*

ERZÄHLERIN
Los, noch eine Probe. *Und während sie ihn einkleidet:* Vermeide die Vollständigkeit – bleib lückenhaft. Spiel das Gesetz nur an, und um es herum. Laß dich dabei eher erwärmen von gar nichts, als erhitzen von einer Idee. Das Gesetz des Moses zum Beispiel, sagt man, geschah von Angesicht zu Angesicht? Und das nun wird geschehen? Angesicht von nichts. Hauptsache: Angesichts. Und Nahsicht und Weitsicht haben dabei in eins zu gehen: Weitsicht wird erst, wenn Nahsicht wird: Die Sierra fern nur durch das Weggras nah. Und merk dir: Du bist kein Neuigkeitenmann. Und du stehst nicht im Zeichen des Mondes. He, Sonne in seinen Schuh! *Das, während sie ihm da hineinhilft, geschieht auch.*

PABLO
Wie soll von mir, dem Abkömmling einer kleinen Enklave, einer ehemaligen Sklavenkolonie, etwas Universelles kommen?

ERZÄHLERIN
Kleinstes Volk, Volk mit den wahrsten Träumen. Gerade der Enklavengeborene hat der Universelle zu sein. Der Balaam im Alten Testament verharrte, bevor er vor das Volk trat, erst einmal weit, weit abseits, und hatte

nichts auf der Zunge als ein einziges Wort. Los, aus dem Stegreif, wie es kommt.

PABLO

Den einen Moment denke ich: Das Gesetz wird gebraucht. Und im nächsten: Aber es ist doch alles recht, wie es ist – besser ist nicht möglich. Und im nächsten: Die Forderung ist zu groß. Und dann: Warum Gesetz? Warum nicht Geheimnis? Immer wieder Geheimnis? Und außerdem bin ich kein Denker – bin in vielem stockdumm.

ERZÄHLERIN

Ja, du bist dumm. Aber du bist ein Gerechtigkeitsdenker. Wenn es ums Gerechtwerden geht, erwachst du zum Denken. Und besser einer, der seinen Wahnsinn versteckt, als einer, der seine Weisheit versteckt. Es muß geschehen. Einmal kam ich in Segovia an einem Sonntagnachmittag, die ganze Stadt ausgestorben, an dem Schaufenster einer verschlossenen Tierhandlung vorbei, wo in einem Käfig vollgepfercht mit Küken eines auf dem Rücken lag und zappelte und sich wiederaufzurichten versuchte, und sooft es dann halbwegs auf einem Bein stand, von den hundert andern gleich wieder umgerannt wurde, und das all die Stunden lang, die ich davorblieb, bis das Tier nur noch lag und mit dem Fuß zuckte und die Mitküken ihm über den Bauch liefen, während es noch nicht einmal Abend war an diesem Sonntag. Und einmal erzählte mir in Braunau eine alte Frau, die als Kind die Nachbarin des Adolf Hitler gewesen war, daß schon der Einjährige, kaum konnte er stehen, Fußtritte austeilte, daß der Zweijährige, kaum konnte er laufen, die Gleichaltrigen umrannte, daß der Dreijährige, kaum konnte er werfen, die Ziegen mit Steinen beschmiß, und daß der Vierjährige die örtliche Leichenkammer ausschnüffelte wie andere Kinder seinerzeit den Heizraum der Lokomotiven. Die Menschheit ist verlassener denn je. Kaum einer teilt mehr sein Leben mit dem andern, und kaum einer kann am Ende von sich sagen: Das war die Geschichte meines Lebens. Dafür sagt heutzutage jeder immer wieder zum andern: Vergiß mich nicht, und hat selber dabei den andern längst vergessen. Doch, eine Art Gesetz muß her, bevor die Liebe aus der Welt verschwindet, und sie schwindet mit einem jeden Tag mehr. Die ganze heutige Welt kommt mir vor als ein verschlepptes, an einen Verschlag gekettetes elternloses Kind. Ein Gesetz zur allgemeinen Besänftigung, wie das kein Stück Natur mehr schaffen kann. Das Gesetz als die erfüllte Selbstlosigkeit! Es muß versucht werden. Probier.

Kurz ringsum Instrumente wie bei dem Einstimmen eines Orchesters.

PABLO
auf den Szenentrümmern balancierend, trittsuchend, sich eintanzend. Das hieße, eine Sprache wiederzufinden, wie die vor dem Bau des Turms von Babel – damals war Gesetz noch gleichbedeutend mit Freude. Dafür zum Beispiel die Spatzen anschauen. Aber warum las-

sen die sich immer weniger sehen? Und vielleicht war es dem Moses ganz recht, das Gelobte Land nach den vierzig Jahren in der Wüste nicht zu betreten, nur zu erblicken von einem fernen Gipfel aus? Die Sonne, sagst du. Aber erklingen die tiefsten und umfassendsten Gesänge, der cante hondo in Andalusien, der Blues in den Feldern am Mississippi, nicht gerade um Mitternacht? Ah, wie es mich schon als Kind mit Unlust erfüllte, wenn ich etwa ausdrücklich ein »Rad« zeichnen sollte, oder am Bach eine »Wassermühle« machen, oder eine »Lanze« schnitzen: Ich gehöre zu denen, die zuerst nur »irgend etwas« machen, das freilich begeistert, und am Ende erst bekommt es einen Namen, einen, den es noch nie gab, wie es auch das Ding noch nie gab. So, Schluß mit dem »Gesetz«. – Andererseits ist nun für wieder ein Jahrhundert der Gedanke an einen Frieden auf Erden unmöglich, und ich kann ihn trotzdem nicht aufgeben. Ich glaube an den Frieden. Ja, es ist ein Glaube. Die Schlachtenorte sollen ihren Klang verlieren, selbst die Thermopylen und Kapharsalama. Klingend werden sollen allein die Orte des Friedens: Der Tag von Oropesa, der Vorfrühling von Klein-Venedig, der Nachtwind von Santander. Einmal soll einer durchdringen zu dem abenteuerlichen Frieden im Muster einer Baumrinde, im nassen Asphalt an einem Sonntagabend, und den gesamten andern dieses Stück Welt in das Gesicht reiben. Und Großer Friede wird sein bis zu den letzten Monden. – Andererseits ist alles in mir bloßes Vor-Gesetz und bloße Vor-Form. Einzig in meiner Ahnung wartet auf unsereinen eine Ordnung, wie es sie noch nie

und nirgends, auch nicht bei den Indianern oder sonst-
welchen Ureinwohnern, gegeben hat. Nicht etwa gerächt sehe ich in dieser Ahnung meine Vorfahren,
sondern eben ins Recht gesetzt. Und wie ahne ich solch
eine Ordnung? Unmerklich im Moment ihrer Gegenwart. Wie klares geschmackloses Wasser. Oder so, wie
einer geht unter der Glühsonne, und erst im Schatten,
weg von der Sonne, bricht ihm der Schweiß aus. Und
was ahne ich als solcher Ordnung Wirkung? Zum Beispiel die Entdeckung der Völker. Die Völker sind noch
unentdeckt. Oder: Das unvollendete Volk. Kein einziges Erdvolk hat doch bisher in der Geschichte, trotz
Herder, Goya und Euclides da Cunha, sein Gesicht zeigen können. Ein jedesmal mußten erst Krieg und Jam-
mer kommen, damit der Welt das jeweilige Volk offen-
bar wurde. Ja, auf zum Bild der Erdvölker im Frieden,
zum freundlichen Gedränge, zum Friedensgeraune auf
den Plätzen. – Andererseits: Wie soll dergleichen gerade
von hier ausgehen, wo die Köpfe längst zu verengt sind
für ein solches Märchen? – Hier der erste Satz der neuen
Verfassung, oder unseres alten Mitternachtsblues: Seid
eingedenk, daß ihr einst in der Knechtschaft wart – be-
denkt vor jedem Fremden die eigene Fremde mit!

ERZÄHLERIN
Und meine Fußnote dazu: Stellt euch, was ihr tut oder
laßt, als Erzählung vor. Ist das möglich? Ja. Also ist es
recht. Ist es unmöglich? Also ist es Unrecht.

PABLO
Und die neuen Menschenrechte: Das Recht auf die
Ferne, täglich. Das Recht des Raumsehens, täglich. Das
Recht auf den Nachtwind im Gesicht, täglich. Und ein
neues Grundsatzverbot: Das Verbot der Sorge. Und des
Gesetzes Leitgedanke: Erübrigung, endgültige, jedwe-
der Botschaft und Verkündigung. Gesetz aus Begehren
und Besonnenheit!

ERZÄHLERIN
gibt ihm eine Ohrfeige. Und jetzt nicht mehr in den
Wind geredet. Zum Protokoll. Zur Schrift.

PABLO
Noch eine Ohrfeige, bitte. *Es geschieht.* Noch eine. *Es
geschieht.* Und noch eine. *Es geschieht.* Ich bin bereit.
Rühr mich nicht an, ich bin jetzt tabu. – Noch einen
Bissen vom Apfel. *Er beißt.* Bitter. Recht so.

ERZÄHLERIN
Umso besser.

PABLO
Und noch einen Tropfen vom Tau. *Er leckt.* Sauer. Sau-
rer Tau. Recht so.

ERZÄHLERIN
Umso besser.

Er schnellt davon.

ERZÄHLERIN
Nicht laufen. Gehen. Ziehen. Zieh! – Und trau den La-
chern nicht, besonders nicht den lautesten. Sie sind die
schnellsten der Verräter und schmähen, worüber sie gerade noch gelacht haben.

PABLO *erlebt im Abziehen auf der buckligen Szenerie*
ungefähr drei Mißgeschicke – Stolpern, Sichverfangen
im Clownsgewand, usw. –, wobei er aber nach einem
jeden nur noch mehr in Schwung gerät, in Richtung des
Prunkportals hinten.

ERZÄHLERIN
Ab hier beginnt deine Einsamkeit. Keine Angst. *Sie*
schnippt, worauf an dem Portal eine Leuchtschrift an-
geht: SOLITUDE.

Und ganz zuhinterst wird aus dem Dunkeln ein Ge-
bäude herausgeleuchtet, kein Schloß, eher eine winzige
Hütte, mit etwas wie einem Milchstand oder einer Heu-
harfe daneben, zudem nicht auf einer Anhöhe, sondern
in einer Mulde.

PABLO
über die Schulter. Angst? Reisefieber! Im Reich des To-
des bekomme ich Lebenshufe. Im Eissturm habe ich die
wärmsten Hände. *Und er galoppiert gleichsam ab –*
wieder ein Mißgeschick – wieder ein Schwung.

Die ERZÄHLERIN *tritt zur Seite als Zuschauerin. Die Hütte hinten verschwindet. Das Grünen unten bleibt. Eine Schar von* UNBEKANNTEN *begegnet einander im Laufschritt, wobei einer einen Bogen um den andern macht, aber in die falsche Richtung, so daß sie allesamt zusammenstoßen. Ab. Es folgen* UNBEKANNTE *wie zu einer Schnitzeljagd, einer rennend nach dem andern, stockend, zu dem Weisungszettel, etwa befestigt an dem Strauch usw., abbiegend, ihn studierend und dann jeweils in noch und noch verschiedene Richtungen hetzend, jeder in eine andere. Dann kehren die Flüchtigen vom Anfang zurück, außer Atem, als seien sie die ganze Zeit so im Kreis geflüchtet, und wiederum mit den Gendarmen knapp auf den Fersen. Die Riesenklaue des Vogels Greif hängt für einen Augenblick ins Bild, während zugleich auch schon das Modell der anfänglichen Kutsche sich herabsenkt, bis auf eine Fußbreite über dem Boden, mit sich auf der Stelle drehenden Speichen, ebenso das Modell des Bauernhofportals, vorfrühlingshafter geschmückt denn je, auch es in Schwebe knapp über dem Boden, und desgleichen das Modell des Boots, schwankend an Seilen. Von einer Seite erschallen Kinderwehschreie, dann auch von der andern, allesdurchdringend. Geräusche wie das Abbrechen von Marktbuden, und der Rufgesang spanischer Losverkäufer von allen Ecken: »Premio …!« Dann allmähliche Stille, wobei das Licht um sich greift.* VOLK *und* IDIOT *kehren zurück durch das* SOLITUDE-*Portal, gefolgt von* FELIPE *und der* FLÜCHTLINGIN, *dann von dem* GROSSVATER *in seinem Osterbrokat und den zwei her-*

zöglichen Schwestern, welche drei letzteren sich dann aber in Luft auflösen.

Volk
zeigt nach hinten. Unsterbliches ist ihm nicht gelungen.

Idiot
Gelobt sei Gott.

Volk
Ich habe mehr den Wind gehört als seine Stimme und das, was er gesagt hat.

Idiot
Aber ohne seine Stimme und das, was er gesagt hat, hätte ich nicht so auf den Wind gehört.

Volk und Idiot
fast gleichzeitig. Letzte Nacht hatte ich einen wunderschönen Traum.

Idiot
Ich zog mir ein kariertes Hemd an –

Volk
– und setzte mich draußen dort unter einen Feigenbaum.

IDIOT

Oder war es eine Tamariske? Oder eine Terebinthe? Doch, es war ein Feigenbaum. Dessen Saft hat mir die Finger verklebt –

VOLK

– und ich bin zum Grenzbach gegangen. Ich stand im Wasser –

IDIOT

– bis hier zu den Knien –

VOLK

– und der Fluß –

IDIOT

– ja, es war ein Fluß –

VOLK

– war so klar, daß die Sonne bis auf den Grund schien –

IDIOT

– und in der Strömung sind da unten die Kiesel gerollt –

VOLK

– und mit ihnen trieben die Schatten der Weidenblätter, die obenauf schwammen –

IDIOT und VOLK
gemeinsam: – und die Schatten der Blätter trieben genau in dem Tempo, wie die Kiesel rollten. Ich weiß gar nicht, was so schön war an meinem Traum. Aber wie war er schön! *Pause.* Es ist noch weit nach Hause. *Pause. Dann zu* FELIPE: Du hast das Gesetz doch wohl aufgezeichnet?

FELIPE
einen Packen Papier in der Hand wiegend, während die FLÜCHTLINGIN *mit ihrem Videogerät usw. das gleiche tut.* Aufgeschrieben, mitgedacht, nachbuchstabiert, abgeleitet. Das Papier hier ist sogar leichter geworden vom Beschriften.

Er liest, während die FLÜCHTLINGIN *ihm über die Schulter schaut und ab und zu mitliest oder einspringt.*

FELIPE
Die Todesstrafe wird weltweit abgeschafft, denn sie verhindert das Morden, oder was auch, nicht nur nicht, vielmehr begünstigt es sogar und reizt es an, indem sie, die Todesstrafe, dem Trieb hin zum Tod in dir und in mir die Bahn bricht, in dem Sinne von: Tu etwas, worauf die Todesstrafe steht, so wirst du ohne sonstiges eigenes Zutun dich selber los; ein Land, in dem die Todesstrafe herrscht, hat aufgehört, ein bewohnbares Land zu sein; es sind höchstens noch Vereinigte Staaten, ein einziger Exekutionsraum bis hinein in die weitesten Getreidefel-

der und in den hintersten Winkel des Monument Valley. *Er blättert und liest weiter.* Gesetz und Nachbild: Kein Gesetz ohne Nachbild. Ein Gesetz, welches kein Nachbild schafft von seiner Sache und seinem Problem, gehört abgeschafft. Der Richter, welcher ein Gesetz anwendet ohne ein derartiges Nachbild, bricht das Gesetz. Nachbild und Gerechtigkeit. Nachbild und Erbarmen. *Er blättert und liest weiter, mit der Stimme der* RAUM-VERDRÄNGER: Für Unheil ist gesorgt, ihr kommt ihm nicht aus. *Stockt.* Nein, das war jemand andrer, ein Zwischenrufer. *Blättert weiter, mit der Stimme der* RAUMVERDRÄNGER: Ziegen und Steine! Ziegen und Steine! *Blättert durcheinander:* Die erste Frühjahrsbiene fiel in den Bergsee. Das Kreiseln ihrer Flügel in der Sonne, die einzige Bewegung weit und breit in der Glätte. Heftiges helles Wirbeln. Ich wollte sie mit einem Zweig an Land ziehen, doch die Wellen, die ich dabei machte, trieben sie nur noch weiter auf den See hinaus. *Er hat aufgehört zu blättern, redet frei, fast schreiend:* Die frostroten Hände meiner Mutter. Der Osternachtsumhang des Großvaters. Die auftauenden Weidenbäche. Das Kriechen der sterbenden Schlange unter dem Novembersternenhimmel. Die Spiegelbilder der Fledermäuse bei Sommervollmond in den Dorftümpeln. Die zerfetzten Kadaver der Mutterbrüder im Dünengrab und unter den Tundrasteinen. Das Niemehrwiederkehren meines Vaters. Der Taschenkalender meines Vaters. Das Nichtssonst meines Vaters. Das verdammte Grün der Heimat. *Er wirft die Blätter in das sich immerfort drehende Kutschenrad.*

FLÜCHTLINGIN
Und dann im Mailicht, bei weit offener Haustür, der
Schatten auf der Schwelle, wie von einem Kind dort
draußen, ganz still, sehr lange, »komm herein!«, sagte
ich, sagten wir beide, aber es ist nicht hereingekommen,
unser Kind, bis heute nicht. Verdammter Traum. Verdammte Hoffnung. Verdammte Weltordnung. *Sie wirft
ihre Geräte ins Schiff oder sonstwohin.*

VOLK
Wo bleibt der König des Tags?

IDIOT
Wie üblich haben wir ihn vergessen.

VOLK
Ich mache mir Sorgen um ihn, wie jedesmal, wenn er um
eine Stufe weiterkommt. Und war das heute nicht seine
letzte Stufe? Kein Königwerden ohne Menschenopfer.

IDIOT
Wer wird das Opfer sein? Er selber? Wir? Wir alle zusammen? Ich habe Angst vor ihm.

PABLO
*tritt auf, angekündigt von einem Speer, der im Portal
oder sonstwo steckenbleibt.* Im Werfen war ich schon
immer am besten. – Ja, Volk, du hast recht: Je größer die
Erfüllung, desto spürbarer grenzt sie an das Elend
ringsum. Und ich habe nur einen Kreis gezogen über

dem Abgrund. Und ich werde uns jetzt allesamt in die Luft sprengen. *Er umgibt sich mit einer Halskrause aus Sprengkerzen und reißt ein Streichholz an. Und dann bläst er die Flamme aus und entledigt sich der Krause, die sich nun als Kinderklapper erweist.* Komm endlich, Freude! sagte er. Und es kam der Schmerz. Und es kam die Freude. *Blick nach vorn und über die Schulter, und zuletzt zu Boden.* Einer wird es einmal schaffen. Das haben schon viele gesagt? Umso besser. Wie lebendig so ein Weg ist in der Sonne, und auch ohne sie. Nichts Farbenprächtigeres auf der Welt. Und jeder Stein und jedes Sandkorn und jede Wurzel spricht und redet da miteinander und zu mir. Was für ein Zusammenspiel. Don Quichote ist da gegangen, der Junge aus Tschechows Steppe, du, ich. *Hin zur* ERZÄHLERIN: Vielleicht jetzt doch ein Kind?

Sie streckt ihm nicht nur eine Zunge heraus.

PABLO
Was ein Weg ist, weiß nur, wer auf dem Weg ist, oder wer ihn träumt. Und welch ein Licht jetzt. Vorfrühlingslicht. Zitronenfalterlicht. Gleich wird so ein Gelber oder, wie heißt es im Volksmund?, »lieber Kömmling« aufkreuzen, und das wird heißen: Ein für allemal Friede, menschliche Unsterblichkeit. Los, zeig dich, Falter, groß wie ein Drache.

FELIPE
Kannst auch kleinwinzig sein.

FLÜCHTLINGIN
Lös dich von deinem Blatt oder deiner Knospe.

VOLK und IDIOT
gemeinsam: Steig auf vom Staub. Schaukle. Gaukle.
Gelbe Mutterfarbe. *Dann fast* ALLE: Ich rühr mich
nicht vom Fleck, ehe du nicht dein Zeichen gibst. Laß
dich anschaun.

*Lange Pause. Nichts. Und dann marschieren, von den
andern freilich ungesehen, ganz hinten die* RAUMVER-
DRÄNGER *auf, drachengroß, mit Flügeln, allerdings
nicht gelb, und »formieren« sich.*

ERZÄHLERIN
tritt vor. Damit ist unsre Geschichte zuende. Ich habe sie
nicht im voraus gekannt, und sie wurde mir erst klar,
oder halbwegs klar, im Verlauf des Erzählens. Sie hat ge-
spielt zu einer Zeit, da Gott, oder wer, längst alles gesagt
hatte, was zu sagen war; da demgemäß auch längst keine
Propheten, oder wie sie heißen, mehr auftraten, es sei
denn falsche; da es aber auch keine Geschichtsschreiber
mehr gab, denn es gab in ihrem Sinn keine Geschichte
mehr; und da doch dies und jenes weiterhin durch die
Lüfte geisterte – so wie hier angedeutet. Zuzeiten geht es
mit dem Weltlauf nicht weiter, weil zu vieles verschlossen ist – zuzeiten, weil zu vieles offen steht: Für beide
Fälle bin ich da mit meinem Weg- oder Dazuerzählen.
Und ihr erzählt die Geschichte gefälligst weiter, oder
versucht es. Und wenn ihr niemanden findet, sie zu er-

zählen, erzählt sie einem Baumstrunk, oder einem Plastiksack, der durch die Meseta weht. Was hier als das sogenannte neue Gesetz um- und angespielt wurde, löchrig und possenhaft, droht euch in der Wirklichkeit. Das neue Gesetz ist unausweichlich. Es wird kommen, umgreifend, ausschließlich, fundamental. Eine andere Zeit wird kommen. Eine andere Zeit muß kommen. Freut euch. Fürchtet euch. Wehe, das Gesetz wird zerstörerisch sein, schrecklich, würgend. Wehe euch, und vor allem euren Kindern. Friede euch und euren Kindern. Besser, das Gesetz weiter so anzuspielen, wie hier geschehen, damit der Schrecken hinausgeschoben wird. Ist das klar? Verstanden? Eingeleuchtet? Eingebläut?

Sie erblickt die RAUMVERDRÄNGERROTTE. *Die andern erblicken sie ebenso.*

ERZÄHLERIN
Eine Erscheinung! Ah, ich soll also nicht das letzte Wort haben. Gut, daß ich nicht das letzte Wort habe. Trotzdem hätte ich uns allen eine andere Erscheinung gewünscht, eine ganz andere!

Die RAUMVERDRÄNGER *bleiben im Hintergrund. Keine Bewegung. Stille.*

Dunkel.

ENDE.

[Januar - September 1995]